ROBERT KROTH
TONY HOHLFELD

DAS NEUE NACHBARN KOCHBUCH

8 LÄNDER, 8 KÖCHE
50 REZEPTE FÜR MEHR MITEINANDER

schlütersche

GELEITWORT

DES NIEDERSÄCHSISCHEN MINISTERPRÄSIDENTEN STEPHAN WEIL

„Liebe geht durch den Magen" – Kennenlernen auch! Essen und Trinken verbindet Menschen aus ganz unterschiedlichen Kulturen. Zu schmecken, wie anderswo gekocht wird, macht neugierig, auch auf die Menschen aus diesen Ländern.

Deutschland und dabei auch Niedersachsen stehen seit Herbst 2015 vor einer großen Aufgabe: Nach der Aufnahme einer großen Zahl von Migrantinnen und Migranten und dem enormen Engagement der Mitglieder vieler Organisationen, Verbände, Vereine, aber auch vieler einzelner Menschen gilt es nun, eine Verbindung mit den Menschen herzustellen, die dauerhaft in unserem Land bleiben werden.

Robert Kroth ist seit sieben Jahren anerkannter Restaurantkritiker und Buchautor. Gemeinsam mit einem jungen deutschen Koch hat er Flüchtlinge getroffen, mit ihnen über die Küche ihres Landes gesprochen und Rezepte zusammen mit ihnen gekocht. Mit diesem Buchprojekt leistet das Team seinen Beitrag für ein Miteinander. Zudem liefert es schlichtweg großartige Rezepte, auch für die eigene Küche.

Ich danke deshalb allen, die an diesem Kochbuch mitgewirkt und sich beteiligt haben. Guten Appetit!

Stephan Weil

UNSERE WICHTIGSTE ZUTAT: NEUGIERDE

»Für mich bitte eine ordentliche Portion.« Vor unserem gläsernen Tresen steht ein kräftiger Mann im blauen Arbeitskittel. Er beobachtet uns, wie wir in Teamarbeit seinen Teller anrichten. Sudeep Poudel aus Kathmandu gibt dabei den Takt vor, achtet genau darauf, dass von allen sechs einzelnen Speisen etwas auf den Teller kommt. Er selbst legt Momos, nepalesische Teigtaschen, darauf. Tony Hohlfeld, Spitzenkoch aus Hannover, gibt die Sauce und den Sojasprossensalat dazu, Unternehmenschef Holger Sindemann Spinat und Bohnen, ich den nepalesischen Kartoffelsalat, den Reis und das Chutney. Sudeep ist für einen Tag Küchenchef im Betriebsrestaurant des großen Turbinenwerks, in dem wir heute zu Gast sein dürfen. Bis vor wenigen Monaten hat er noch im renommierten Crowne Plaza Hotel in Kathmandu gekocht, dann ist er auf verschlungenen Pfaden nach Deutschland gelangt und wohnt nun in einem Flüchtlingsheim im Süden Hannovers.

Unser Teller ist ein bunter Ausflug in die Küche seines Heimatlandes. Und er ist voll. Unser Kunde im Blaumann nickt zufrieden. Eine Station neben uns gibt es Pizza. Die Länge der Schlange zeigt: Sie ist an diesem Tag nur zweiter Sieger. Auch als wir schon probieren und uns von dem fremden Duft und Geschmack verzaubern lassen, steht Sudeep noch hinter dem Tresen. Gemeinsam mit dem Küchenteam richtet er weiter Teller um Teller an. Hundertfach an diesem Tag. Und er freut sich über jeden einzelnen davon. Denn was er den Menschen in diesem Werk, vom Metallarbeiter bis zum Geschäftsführer, anbietet, ist mehr als ein Mittagessen. Für ihn ist es auch ein Stück seiner Heimat.

Um sechs Uhr morgens hatte Sudeep mit Martin Austmann, dem eigentlichen Küchenchef, und seinem Team begonnen, die Speisen mit Originalzutaten zu kochen. Keine Tiefkühl-Tüten, keine Gläser mit fertigen Pasten und Saucen, keine vorgegarten Pro-

dukte – alles frisch. Genau wie in der Kochschule, in der Tony und ich Sudeep einige Wochen zuvor zum ersten Mal trafen. Ihn und Köche aus Syrien, dem Sudan, aus dem Iran, Gambia, Pakistan und Algerien. Alle sind sie nach Deutschland gekommen, um ein neues Leben zu beginnen. Was sie aus ihrer Heimat für den Neubeginn mitbringen, ist viel – es ist ihre Kultur. Nicht abstrakt, sondern sehr konkret. Ihre persönliche Kultur als Koch: Rezepte, Kochtechniken, Würze, die Erinnerung daran, wie und für wen sie die Speisen zubereitet und selbst gegessen haben. Jedes dieser Gerichte ist mehr als Fleisch, Gemüse, ein paar Gewürze. Es erzählt die Geschichte von einem anderen Leben und einem anderen Land, lädt ein, es zu riechen, zu schmecken, zu probieren. Natürlich werden wir hier niemals kochen wie in der Heimat von Sudeep. Nepal bleibt Nepal, Deutschland bleibt Deutschland. Und natürlich gibt es Gründe, warum jeder einzelne unserer Köche hierher geflüchtet ist.

Aber wir können unsere deutsche und europäische Esskultur bunter, vielfältiger und reicher machen, wenn wir entdecken, was uns an Nepal und den anderen Ländern schmeckt.

Unsere Speisekarten wären leer, ebenso unsere Restaurants, wenn wir nicht immer wieder diese neuen Impulse aufgenommen hätten. Königsberger Klopse sind heute das am meisten verbreitete Regionalgericht in Deutschland. Zu uns gekommen ist es über Flüchtlinge. Wäre die berühmte gut-bürgerliche Küche vorstellbar ohne Gulasch aus Ungarn? Warum essen wir im Norden Sauerkraut und im Süden Grünkohl? Und warum wären unsere Innenstädte kulinarisch gänzlich uninteressant ohne die italienischen, griechischen, spanischen, türkischen, chinesischen, thailändischen Gaststätten? Das alles hat einen Grund: Wir sind hungrig auf Neues. Wir waren es immer. Und wir werden es zum Glück auch bleiben.

Freiwillige Helfer als Buch-Scouts

Die sechs Köche und Neda Ramfar, umtriebige Köchin aus dem Iran, zu finden, war nicht ganz einfach. Denn in der drängenden Notwendigkeit einer ersten Versorgung nach der Ankunft so vieler Menschen wurden deren Berufe nicht offiziell erfasst. Küchenprofis sollten es schon sein, denn wir wollten den Austausch auf Augenhöhe. Umso faszinierender, dass nachdem sich unser Projekt herumgesprochen hatte, die zahlreichen freiwilligen Flüchtlingshelfer auch zu engagierten Scouts für unser Buch wurden. Auf deren Hinweise besuchten wir Gemeinschaftszentren von

Kirchen, saßen in Turnhallen, die als Unterkünfte dienten, trafen Hassan Abakar Omar aus dem Sudan in einem Zeltlager in der Mitte der niedersächsischen Landeshauptstadt. Und alle waren sie sofort bereit, mit uns zu kochen. Aus dem gleichen Motiv wie wir: Neugierde. Sie ist eine der wichtigsten Zutaten aller Rezepturen, die wir in diesem Buch zusammengetragen haben.

Auch wenn es mit der Sprache in den ersten Kontakten nicht immer gleich klappte, die Verständigung am Herd funktioniert auch ohne Worte. »Gemeinsam Kochen ist wie Teamsport«, sagt Tony Hohlfeld. Jeder weiß sofort, was zu tun ist. Denn Kochen ist

Handwerk. Das ist an einem Marktstand im Sudan, in einem Strandrestaurant in Algerien und in einer pakistanischen Garküche nicht anders, als in einem deutschen Gourmetrestaurant. Solides Handwerk, die trainierten Handgriffe, das Gefühl für die Zutaten – das ist die Sprache der Profis. Und zugleich ist Kochen ein kreativer, schöpferischer Prozess. Es lebt vom Austausch: Neue Eindrücke und Ideen fließen sofort ein, verbinden sich mit dem Bestehenden, schaffen neue Kombinationen und Variationen. Unsere Köche schauten sich gegenseitig über die Schulter, nahmen sofort auf, wenn hier anders gearbeitet,

anders gewürzt und dort anders angerichtet wurde. Voneinander zu lernen heißt auch Rollen abzulegen. Da wurde der Spitzenkoch zum Zuarbeiter, der Restaurantkritiker zum Tellerträger. Gemeinsam standen Tony Hohlfeld und ich hilflos vor einem High-Tech-Herd, erst Hassan aus dem Sudan fand heraus, dass dessen Temperaturregler funktioniert wie die Zeiteinstellung eines Smartphones. Bei allem Austausch bleibt aber jedes Gericht authentische Landesküche aus der Heimat unserer Köche. Doch in den Köpfen entstehen schon die nächsten Speisen, die vielleicht morgen unsere Küche bereichern.

Tony Hohlfelds Küche ist Innovation pur

Deshalb ist es auch Tony Hohlfeld, den ich gebeten habe, sich durch das Miteinander am Herd inspirieren zu lassen. Seine Küche ist Innovation pur. Immer auf der Suche nach neuen Impulsen. Und trotzdem auf seine meist deutschen Gäste bezogen. Häufig sehr komplex. Und trotzdem immer klar. Er steht für eine neue Art der deutschen Spitzengastronomie, die Freude an echter Offenheit und Experiment entwickelt, ohne daraus einen Selbstzweck zu machen. Er schafft Originale auf dem Teller, wenn es manch anderem nur um das kurzzeitig Originelle geht. Für mich ist er der Richtige, um uns zu zeigen, welches Potenzial in den neuen kulinarischen Einflüssen steckt. Seine Rezepturen in diesem Buch sind uns schon einen Speiseplan voraus.

Essgewohnheiten sind Abbild der Gesellschaft

Zugegeben: Wir kochen anders. Das fängt bereits bei den Mengen an. Als Hassan Abakar Omar aus dem Sudan zu kochen begann, türmten sich Kartoffeln und Knoblauch vor ihm, die danach Stunde um Stunde mit Lamm geschmort wurden. Zafran Muhammad hätte seinen Gästen zu Hause nie weniger als ein halbes Dutzend Samosas pro Person angeboten. Und natürlich kochte Neda Ramfar eine iranische Reistafel nicht für einen Single-Haushalt. Und wir essen auch anders: In einigen der Länder unserer Köche ersetzt Brot die Funktion des Bestecks. Es wird gedippt, mit ihm nimmt man die Speisen auf und führt sie zum Mund. In manchen Ländern essen Männer und Frauen getrennt. Speisefolgen spielen eine weit weniger große Rolle als bei uns, meist werden alle Gerichte auf einmal serviert. Die Speisen in diesem Buch haben wir so angerichtet, wie wir sie hier in Deutschland auf den Tisch bringen würden. Denn wie wir kochen und wie wir essen, ist Abbild unserer Gesellschaft und unserer Lebensweise. Sie werden und wollen wir nicht ändern. Was wir essen, ist hingegen Ausdruck unserer Lebensfreude und unserer Esslust. Und spätestens hier begegnen sich alle Kulturen der Welt.

Auf dem Weg zu neuen kulinarischen Begegnungen haben wir alte Bekannte getroffen, aber auch neue Produkte: Einige Zutaten unserer Köche

stehen in Deutschland nur selten auf dem Speiseplan, obwohl sie in anderen Küchen echte Stars sind. Okra und Maniok, Granatapfel und Berberitzen sind uns dennoch nicht unbekannt. Meist sind sie sogar im Supermarkt sehr leicht zu bekommen. Es fehlt jedoch am täglichen Umgang mit diesen Produkten. Deshalb erscheinen sie uns fremd. Welche Farbe hat ein reifer Granatapfel, wie bewahre ich eine Maniok auf, wie viel der scharfen Harissa-Sauce kann man unbeschadet ans Essen geben und wie verhindert man, dass Okra beim Kochen schleimig wird? Wir haben also unsere Köche nach Tipps zu ausgewählten Produkten aus deren Heimat gefragt. Im Gegenzug haben wir ihnen erklärt, wie wir Grünkohl kochen. Und vor allem: warum. Der stand nämlich bis vor kurzem in nahezu keinem anderen Land auf der Karte. Erst jetzt wird er in Australien als neues Kultgemüse gefeiert. Vermutlich hat ihn ein Einwanderer von der Nordseeküste dorthin mitgebracht.

Kochen heißt verwandeln, auch uns selbst

In der Beschäftigung mit den Produkten und Gerichten anderer Länder liegt die Kraft, auch unsere eigene Küche neu zu entdecken. Zu oft muss es in erster Linie schnell gehen, Essen wird zu Nahrungsaufnahme im Gehen. Da passen Eintöpfe nicht, die stundenlang köcheln müssen. Und es passen keine Zutaten, die erst eingekauft, portioniert, gewaschen, geschält, vor- und zubereitet sowie angerichtet werden müssen. Was wir stattdessen oft essen, sind industriell vorbereitete Produkte, Fertiggerichte. Sie sind das Ende vom Kochen als kreativem Prozess. Denn sie lassen keinen Raum für neue Eindrücke, für Variationen und Weiterentwicklung. So standardisieren wir was und wie wir essen. Und wir verlieren einen Zugang zu unserer eigenen kulinarischen Identität. Unserer Küche fehlt zunehmend eine Zutat, die bei allen unseren Köchen das Geheimnis eines einzigartigen Gerichtes ist: Zeit. Sie und das Kochen sind ein fast magischer Vorgang der Verwandlung, den wir nicht genießen können,

wenn uns auch unsere eigenen Landesgerichte fertig vorgesetzt werden. Was sollen wir dann unseren neuen Nachbarn sagen, die neugierig auf unsere Küche sind? Wir werden wohl kaum auf eine Tiefkühlmahlzeit verweisen wollen.

Neue Nachbarn bereichern unsere Küche
Dieses Buch ist ein erster Zugang zu dem, was uns neue Nachbarn mitbringen, wie sie unsere Küche bereichern. Es ist die Einladung, zu entdecken, zu schmecken, den Duft und die Aromen der Gerichte aufzunehmen, zu variieren und auch unserer eigenen Küche wieder mit mehr Achtung zu begegnen. Kochen heißt Verwandeln. Auch uns selbst.

Nachdem Sudeep seine Gerichte aus Nepal im Betriebsrestaurant des Turbinenherstellers gekocht hatte, erreichte den Küchenchef eine Mail von einer Mitarbeiterin des Unternehmens: »Hallo Martin, ich liebe dieses Essen, diesen Geschmack und Duft vergisst man nie – danke.«

HAPPY BOX – STARTHILFE FÜR NEUE NACHBARN

Viele unserer Köche in diesem Buch waren und sind auch gegenwärtig noch auf die Hilfe engagierter Menschen in Deutschland angewiesen, um sich hier zu orientieren und zu versorgen. Die gemeinnützige Initiative Happy Box hilft dabei durch Lehrmaterial, Spielzeug für Kinder, Kleidung und Gegenstände des täglichen Bedarfs. In vielen deutschen Städten sammeln ehrenamtliche Mitarbeiter des Projektes Spendenartikel oder selbstgepackte Hilfspakete und verteilen sie persönlich in den Flüchtlingsunterkünften. Bisher konnte so über 2000 Mal ganz unmittelbar geholfen werden. Wir wollen dieses Projekt weiter unterstützen. Deshalb gehen die Autorenhonorare und Erträge aus diesem Buch direkt an den Helden e. V., den Träger der Happy Box.

TONY HOHLFELD:
»GEMEINSAM KOCHEN IST WIE TEAMSPORT«

Ihn hat die Idee gleich fasziniert: »Da kommen Leute, die kochen einfach anders. Und da bin ich natürlich neugierig.« Tony Hohlfeld, Spitzenkoch und mit seinem Restaurant Jante sehr erfolgreich, ist immer auf der Suche nach Neuem. Ohne große Umschweife, mitten rein, immer in Bewegung. So begegnet er auch seinen Kollegen aus anderen Ländern. Und die genießen es, mit dem jungen Kreativen aus Deutschland am Herd zu stehen.

Spitzenköche in Deutschland werden mittlerweile wie Stars verehrt. In keinem der Heimatländer unserer neuen Nachbarn genießen sie diese Anerkennung. Wie ist es dann, Kollegen zu treffen, die in ihren Ländern unter völlig anderen Bedingungen gearbeitet haben? »Gemeinsam Kochen ist wie Teamsport. Du hast gleich ein gemeinsames Thema. Dabei kannst du alles abstreifen und einfach einmal wie zu Hause sein«, sagt Tony. Ihn beeindruckte immer wieder, wie sehr und unmittelbar sich seine Kollegen auf das Experiment mit uns eingelassen haben – nach allem, was sie zuvor erlebt hatten. »Die hatten richtig Bock auf unser Projekt: Wir haben gute Gerichte in unserer Heimat. Und die zeige ich dir jetzt mal.«

Welches Gericht hätte er in ähnlicher Situation aus Deutschland mitgebracht? Die Antwort kommt prompt: »Ofenkartoffel mit Quark. Das ist genau, was Deutschland ausmacht. Keine feinen Rinderfilets, keine verspielten Rezepturen, keine neuen Gar-methoden. Kartoffeln und Milchprodukte von Kühen. Ganz einfach.« Die Küche von Tony Hohlfeld ist im Vergleich hoch komplex: Nicht selten finden sich gleich mehrere Speisen mit aufwändigen Rezepturen auf dem Teller. Seine Variationen von der Zwiebel sind eine Komposition, nicht einfach ein Gericht. Das Gemüse zerfällt in seine Aromen. Süß, sauer, bitter, scharf. In anderer Konsistenz fügt Tony Hohlfeld sie wieder zusammen – zu einem neuen Geschmacks-portrait der Zwiebel.

Respekt vor dem Produkt

Ist sein Bild von der einfachen Ofenkartoffel also Koketterie? Nein, denn auch bei ihm ist letztlich das Produkt der Hero, nicht das Vakuumiergerät. »Ich mag es, alles aus einem Produkt herauszukitzeln. Die echte Entdeckung ist doch, was alles in einer Möhre steckt. Oder in einer Kerbelwurzel.« Kalbsfilet und Steinbutt, Jakobsmuschel und Prime-Beef – diese Luxusprodukte finden sich überall in der Gastro-nomie. »Die kennt jeder. Und natürlich gibt es das auch bei mir im Restaurant. Aber wirklicher Luxus ist doch eine Zwiebel, die du in ihrer ganzen Reinheit mitkriegst.« Viele seiner Gäste lieben die Provoka-tion, die in dieser Aussage und in vielen von Tonys Gerichten steckt. »Die können mir Garnelen hinter-herschmeißen. Ich nehm' lieber den Dorsch oder den Saibling aus dem Bodensee.«

Dieser Respekt vor dem Produkt, Tony nennt es Treue, verbindet über die kulinarischen Nationalgrenzen hinweg. Mit Hassan suchten wir in verschiedenen Lebensmittelgeschäften, bis wir endlich in einem Asia-Markt seine Augenbohnen fanden. Monzer hatte unzählige Granatäpfel in der Hand, bis er den richtigen entdeckte. Und wie unterschiedlich Pistazien sein können, haben wir von Neda gelernt. Dennoch sind es meist nicht die exotischen Grundprodukte, die die Küchen unterscheiden. Kartoffeln und Reis, Huhn und Lamm – das gibt es überall. Für Tony liegt der Zauber im Gewürz und in der Zubereitung. »Gewürze sind die Sprache der Küche. Diese Schärfe zum Beispiel, das würden wir hier nie so machen. Natürlich gibt es auch in Deutschland mittlerweile Curry. Aber es hat etwas mit Tradition und auch dem täglichen Umgang zu tun, daraus ein besonderes Gericht zu kochen.«

Demut vor der Kartoffel

Es geht also um das Kochen selbst. Und darum, sich von den neuen Einflüssen inspirieren zu lassen. »Wir sollten von beiden Seiten Neugierde beweisen.« Wie das in der Geschichte der Kulinarik viele Nationen getan und sich dadurch weiterentwickelt haben. Sudan, Nepal, Pakistan – Länder, deren Küche sich durch die Einflüsse durchziehender Völker, im Austausch, also durch Handel und Wandel definiert hat. Letztlich ist auch Deutschland ein solches Land.

Das Deutschland von Tony allemal: »Die Menschen in meiner Umgebung sind multikulturell. Es geht darum, immer wieder neue Eindrücke zu haben, andere Lebenseinstellungen und Sichtweisen kennenzulernen, nach vorn zu gehen. Das macht einen anderen Menschen aus dir.« Und dieser andere Mensch kocht dann auch anders. »In der Küche rede ich mit meinen Jungs ständig über neue Ideen. Die sind genauso neugierig und wollen einfach Neues ausprobieren.«

Steht am Ende nur noch Einheitsbrei auf der Karte? »Es wird hier immer Deutschland bleiben und nicht die Welt. Aber es geht darum, die neuen Eindrücke mitzunehmen und in etwas Gutes für unsere eigene Küche zu verwandeln.« Und gut ist für Tony nicht, dass in vielen griechischen Restaurants Tomate mit Mozzarella und beim Chinesen Romana-Salat bestellt werden kann. Gut ist auch nicht, wenn Gäste in seinem Restaurant das hausgebackene Sauerteigbrot liegen lassen und nach einem Baguette verlangen. »Deutschland beschäftigt sich einfach noch zu wenig mit Essen.« Viele Gäste seien kritisch, wenn Rinderzunge statt Filet, wenn Schwarzwurzel statt Spargel auf der Karte stünden. Internationale Menüs seien mehr gefragt als solche mit deutschen Zutaten. »Erst wenn wir unseren guten deutschen Kartoffelsalat lieben, sind wir richtig reif für die internationale Küche.« Und das hat, meint Tony, nichts mit mehr Selbstbewusstsein in Deutschland zu tun, sondern eher mit Demut – vor der Kartoffel.

KOCHEN BRAUCHT ZEIT, LIEBE UND FANTASIE

Was haben die Küche aus den Ländern unserer neuen Nachbarn und die Gourmetküche von Tony Hohlfeld gemeinsam? Es geht bei beiden um Zeit für die Zubereitung, solides Handwerk und den Respekt vor dem Produkt. Ein Schmorgericht aus Algerien, dem Sudan oder Gambia, das tagelang köchelt. Ein Huhn, das mehrere Stunden mariniert wird. Ein im Kühlschrank fermentierter Kürbis. Ein Gewürzsud, der eine Woche ziehen muss. Zeit beim Kochen ist der Raum für Verwandlung, definiert den eigentlichen kreativen Prozess. Wir haben uns an die schnelle Küche gewöhnt – aber die Gerichte in diesem Buch zeigen, dass wir uns wieder Zeit zum Kochen nehmen müssen, um unsere kulinarische Welt zu bereichern. Auch die Zeit, sich mit den Produkten zu beschäftigen. Neue Produkte aus den Ländern unserer Köche. Aber auch eine gemeine Zwiebel aus Deutschland lohnt sich, noch einmal neu zu entdecken. Tony Hohlfeld zeigt, was alles in ihr steckt. Das hat unsere neuen Nachbarn beim gemeinsamen Kochen weitaus mehr fasziniert, als die vielen Luxus-Zutaten. Denn das Besondere im vermeintlich Gewöhnlichen zu suchen, ist die eigentliche Küchenkunst.

Wechselseitige Inspiration

Ganz in diesem Sinne hat sich Tony Hohlfeld von den Rezepturen seiner Kollegen aus anderen Ländern inspirieren lassen. Und nun ist es an Ihnen, sich wiederum davon auf Ideen bringen zu lassen. Auch wenn Sie vielleicht nicht alle Profigeräte zu Hause haben, nicht alle Zutaten sofort zur Hand – probieren Sie, experimentieren Sie. Und vertrauen Sie Ihrem Geschmack. Es lohnt sich. Kochen braucht Zeit, Liebe und Fantasie. So sind die Gerichte in diesem Buch entstanden. Und so entstehen neue bei Ihnen zu Hause.

DIE REZEPTE

RIADH MANSOURI: »ESSEN, DAS LEBEN IST«

Algerien, das größte Land des afrikanischen Kontinents, umschließt viele seiner Gegensätze: sonnendurchflutete Mittelmeerküste und unendliche Sahara, lebendige Städte und menschenleere Weite, allgegenwärtige Geschichte und aufstrebende Moderne, menschliche Wärme und politische Unterdrückung. Das alles prägt das Leben in diesem Land. Und auch die Küche. Koch zu sein heißt, sich einen eigenen Blick auf die Welt zu erschließen. So wie Riadh Mansouri, der zu Hause lernte, sich in einem einheimischen Restaurant hocharbeitete und der nun hier in Deutschland eine neue Perspektive sucht. Dabei hat er ein kulinarisches Erbe im Gepäck, das von den Phöniziern über die Römer bis hin zu den Mauren, Osmanen und Franzosen reicht. Deren Einflüsse verbinden sich in der vielfältigen Küche seiner Heimat. Und inspirieren nun die unsere.

Essen und Familie – das sind die Keimzellen der algerischen Kultur. Über Jahrhunderte hinweg. Und bis heute lebendig. Auch für Riadh Mansouri, der das Kochen von seiner Mutter gelernt hat. Er bereitete mit ihr die traditionellen Gerichte für die fünfköpfige Familie zu, während sein Vater allabendlich duftendes Brot aus der eigenen kleinen Bäckerei nach Hause brachte und den Pfefferminztee zubereitete, in Algerien seit jeher eine Männerdomäne. Grüner Tee und frische Minzblätter werden mit Zucker aufgekocht und in kleinen Gläsern serviert. Riadh begann später als Hilfskoch im Restaurant Becha in Annaba, arbeitete sich schnell nach oben. »Kochen lernt man durch zusehen und probieren.« Sein einziges Maß ist das Augenmaß, der Geschmackssinn sein Lehrer. So viel Selbstsicherheit braucht es in einem Land, das über die Jahrhunderte unterschiedlichsten Einflüssen ausgesetzt war, das nach Eroberungen, Besetzungen und den verheerenden Folgen des Bürgerkrieges in den 1990er-Jahren bis heute auf der Suche nach seiner Identität ist.

Besonders in Annaba, der Heimatstadt von Riadh, unmittelbar an der Grenze zu Tunesien, wird das spürbar. Die heute rund um den lebendigen Mittelmeerhafen angesiedelte Küstenstadt war bereits 1 200 v. Chr. Handelszentrum der Phönizier, wurde 46 v. Chr. von den Römern eingenommen. Von hier und Karthago bezogen sie die meisten afrikanischen Produkte. Algerien war die Kornkammer des römischen Reiches. Heute reicht der Getreideanbau gerade einmal aus, um rund 20 Prozent des Eigenbedarfs zu decken. 647 v. Chr. stürmten die Araber die Stadt, Annaba und Algerien insgesamt wurden Teil des Osmanischen Reiches. Sie brachten den Islam und seine Speisevorschriften mit. Eine neue Vielfalt an Gewürzen und die süßen Desserts hielten Einzug in die Küche, die bis dahin maßgeblich aus Getreide, Lamm und Trockenfrüchten der Berber bestand. Jüdische Siedler hingegen brachten auf ihrer Flucht vor der spanischen Inquisition neue Koch- und Konservierungstechniken ins Land. Mauren aus Andalusien bereicherten die Küche mit ihren Schmorgerichten, hatten Olivenöl und Paprika im Gepäck.

Bis ins 19. Jahrhundert lebte Algerien auch von der Seeräuberei und Schutzgeldern, die sie von Handelsflotten im Mittelmeer erpressten. Allein die weit entfernten USA mussten um 1800 fast 20 Prozent ihres damaligen Staatshaushaltes für diese Tributzahlungen aufwenden, was später sogar zum Seekrieg mit Nordamerika führte. Was die Piraten an Lebensmitteln von fremden Schiffen erbeuteten, wurde ebenfalls der heimischen Küche einverleibt. 1830 wurde Algerien französische Kolonie. Und natürlich haben auch die Franzosen ihre kulinarischen Spuren hinterlassen: Speisefolgen, die algerische Saucenkultur und das aromatisierte Tomatenpüree entstammen ihrem Einfluss.

Familie und Essen sind der Mittelpunkt

Die komplexe Geschichte des Landes von Herrschern, Eroberern, zerstrittenen Volks- und Machtgruppen hat viel Elend über die Bevölkerung gebracht, Hunderttausende sind ums Leben gekommen. Es ist aber auch diese Geschichte, aus der sich ein großes kulturelles und kulinarisches Erbe geformt hat. Auf dieses Erbe ziehen sich viele Menschen zurück, wenn sie ihre Familien angesichts nach wie vor unsicherer Zeiten um ein gemeinsames Mahl versammeln. Familie und Essen – das ist mehr denn je der Mittelpunkt.

Freitags, am muslimischen Ruhetag, gehört zu einem solchen Mahl vor allem eins: Couscous, Grundpfeiler der nordafrikanischen Esskultur. Die goldenen Körner aus Hartweißengrieß, Weizenschrot, Gerste, Mais oder Hirse sind eigenständiges Gericht, Beilage, Bett für Fisch-, Fleisch- oder vegetarische Speisen, süßes Dessert mit Früchten und Nüssen oder ange-

reichert mit Kräutern und Gewürzen ein pikanter Hauptgang mit schier unzähligen Variationen. Ihre Farbe bekommen sie durch beigegebenen Safran. Jedes einzelne Körnchen des algerischen Nationalgerichtes steht, einer Überlieferung zufolge, für eine gute Tat. Und so wird Couscous an Feiertagen auch an Bedürftige verteilt. Schon in den Zeiten der Berber war es Grundnahrungsmittel und wurde im traditionellen Dampfkochtopf aus Lehm zubereitet. Heute verwendet man einen Siebeinsatz aus Metall, in dem der Couscous über der Suppe oder einem Schmorgericht gart. Eindrucksvoll werden die Körner danach zu einem kegelförmigen Berg aufgehäuft, in den man dann mit nach oben geöffneter Hand hineingreift. Zwischen Daumen, Zeige- und Mittelfinger rollen geübte Esser kleine, feste Kugeln, führen sie dann zum Mund. Als wir das mit Riadh versuchen, geben wir sehr schnell auf, sein Lamm- und Huhn-Couscous schmeckt aber mit einer Gabel genauso gut.

Zumindest beim traditionellen Freitagsessen sitzen algerische Familien auch heute noch auf weichen Kissen am Boden. Bei besonders festlichen Anlässen deutet schon die Zahl der Tischtücher auf die Zahl der Gänge hin. Die Speisefolge ist aus der französischen Kolonialzeit übernommen: Zunächst werden kleine Appetitanreger (Oliven, Gemüsedips, pikante Pasten) gereicht, dann folgt meist eine Suppe oder ein Eintopf, ein Fleischgericht mit Couscous und an Festtagen ein Dessert. Nach jedem Gang wird auch ein Tischtuch abgetragen. Angebotene Speisen werden nie gänzlich aufgegessen, weil dadurch signalisiert würde, die Gastgeber hätten zu wenig angeboten.

Zu einem wahren Karneval der Farben, Düfte und Aromen wird die algerische Küche durch die vielfältigen Gewürze. Eine besondere Bedeutung haben dabei Gewürzmischungen, die wie bei Curry in ihrer Zusammensetzung je nach Herkunft variieren. Ras el-Hanout enthält zum Beispiel bis zu 30 verschiedene – Muskat, getrocknete Rosenknospen, Zimt, Anis, Gelbwurz, Veilchenwurzel, Ingwer, Lavendel, Rosenpaprika, Piment und Kümmel sind nur einige davon. Der Name der Mischung heißt übersetzt Kopf des Ladens, weil früher nur der Chef des jeweiligen Gewürzhändlers die genaue Rezeptur für seine Version von Ras el-Hanout kannte. In den Gewürzbasaren entbrannten folglich wahre Konkurrenzkämpfe um die beste Mischung, deren Zusammensetzung penibel gehütete Geschäftsgeheimnisse wurden. Das galt auch für Baharat, einen Gewürzcocktail, der besonders gut zu Fleisch passt, der aber auch ausgezeichnet mit Honig kombiniert und zur Aromatisierung von Mokka verwendet werden kann. Die feurigste aller Gewürzkombis ist Harissa, eine Paste mit reichlich Chili, die gerade in Annaba, dem Grenzgebiet zu Tunesien, mit vielen Gerichten gegessen wird und die auch in den Rezepturen von Riadh eine wichtige Rolle spielt. Dort gibt es das Sprichwort, dass die Liebe einer tunesischen Frau an der Schärfe ihres Essens gemessen wer-

den könne. Wir empfehlen, diese Weisheit nur nach eingehendem Harissa-Test auf Europa zu übertragen.

Traditionelles Schmorgericht und gleichsam Kochgeschirr in Algerien ist die Tajine. Dazu werden geschnittene Zutaten in einer Tonschale übereinander geschichtet und mit einer hohen, trichterförmigen Haube bedeckt, an deren Spitze eine Mulde mit kaltem Wasser gefüllt wird. So wird der Deckel beim Dämpfen der Speisen gekühlt, die Temperatur im Inneren der Tajine bleibt konstant. Es entstehen besonders schonend gegarte Eintopfgerichte, bei denen süße und pikante Zutaten auch gern kombiniert werden. In einer Tajine algerienne zum Beispiel werden Lamm, Dörrpflaumen und Mandeln zusammen geschmort. In der Küche von Riadhs Familie wird der Einfluss des nahen Tunesien spürbar. Hier ist eine Tajine etwas gänzlich anderes: Ein Auflauf aus Eiern, der eher einer Tortilla entspricht.

Zum Dessert werden in Algerien häufig Datteln gereicht – das Brot der Wüste. Denn die über 100 verschiedenen Sorten wachsen an Palmen in den Oasen der Sahara. Le Grand Sud ist sehr dünn besiedelt, macht aber über 80 Prozent des Landesgebietes von Algerien aus. Nur ein sehr kleiner Teil der gesamten Fläche kann also landwirtschaftlich genutzt werden. Die frischen Datteln werden meist nur vor Ort gegessen, uns erreichen die honigsüßen Früchte getrocknet. So sind sie reicher an Ballaststoffen als zum Beispiel Vollkornbrot, sind gut für den Kreis-

lauf, die Verdauung und auch deshalb bestens für das Ende eines großen Mahls geeignet, weil sie den Schlaf fördern. Süße Snacks werden aber auch über den Tag gereicht, denn Zucker steht in Algerien für Freundschaft und Gesundheit.

Erfrischende Erfindung

Einen ganz eigenen Beitrag zur Freundschaft der Völker leistet deshalb eine Limonade, die 1878 in Algier erfunden wurde, deutlich bevor es etwa Coca Cola gab. Hamoud Boualem schmeckt wie eine Mischung aus Zitronenlimonade und Ginger Ale und hat in Nordafrika auch heute noch eine größere Marktbedeutung als die braune Brause aus Amerika. International erstmals vorgestellt wurde sie auf der Weltausstellung von Paris 1898, zeitgleich mit dem Eiffelturm. Das französische Publikum war begeistert über die erfrischende Erfindung aus den algerischen Kolonien.

1962 wurde Algerien unabhängig, nachdem es über 3000 Jahre fremden Herrschern diente. Der 5. Juli wird bis heute als Nationalfeiertag begangen. Aber nach wie vor ist das Land nicht geeint, das präsidentielle Regierungssystem wird als autoritäres Regime eingestuft, die wirtschaftliche Abhängigkeit von den Öl- und Gas-Exporten ist enorm, junge Leute, so wie Riadh Mansouri, sehen in ihrer Heimat keine Zukunft für sich. Wohin sie aber auch gehen, werden sie ihre Rezepte als Ausdruck einer unvergleichlichen Geschichte und Kultur mitnehmen.

HARISSA –
DIE GANZE SCHÄRFE ALGERIENS

Bevor Sie die bis zu zwanzig frischen und getrockneten Gewürze in einer Harissa herausschmecken, laufen Ihnen bestimmt schon die ersten Tränen über die Wangen. Denn die traditionelle scharfe Würzpaste aus den Maghreb-Staaten hat es in sich. Sie wird häufig als Dip serviert und sollte mit Vorsicht genossen werden. Aber: Ohne sie kein Couscous. Keine Falafel. Und keines der wunderbar marinierten Lamm-, Huhn- oder Fischgerichte aus dem Norden Afrikas.

Eine Harissa enthält reichlich Chili, Knoblauch, Koriander, Minze, Cayennepfeffer, Kreuzkümmel, Zitronensaft und Olivenöl, um aus dem Pulver die Paste zu machen, die einem harmlosen Tomatenmark zum Verwechseln ähnlich sieht. Bei Riadh zu Hause wurde Harissa meist frisch zubereitet. Das Rezept dafür wird gehütet wie ein Familiengeheimnis. Bei uns gibt es den nordafrikanischen Scharfmacher als Pulver und Paste in Gläsern, Tuben und Dosen fertig zu kaufen. Zum Kochen eignet sich die Paste am besten. Aber auch bei entschärften Varianten ist weniger oft mehr. Ungeöffnet hält sie sich mehrere Jahre. Nach dem Öffnen sollte sie jedoch gekühlt und innerhalb eines halben Jahres verbraucht werden. Selbstgemachte Harissa hält sich im Kühlschrank gute acht Wochen, sollte dafür aber ausreichend mit Olivenöl bedeckt sein. Verwenden Sie bei der Zubereitung, besonders aber beim Zerkleinern der Chilischoten, am besten Küchenhandschuhe und vermeiden Sie jeden Kontakt der Finger mit den Augen.

Ansonsten ist Harissa sehr gesund: Chili ist nicht nur eine Geschmacks-, sondern auch eine Vitaminbombe. Es fördert die Durchblutung und die Verdauung und reduziert Infektionsgefahren. Zudem enthält Chili als einziges Gemüse das seltene Vitamin P, das einen antioxidativen Effekt hat, Zellen schützen und Krankheiten vorbeugen kann. Vielleicht isst man in einigen Teilen Algeriens Harissa deshalb sogar als Brotaufstrich zum Frühstück. Wir empfehlen das nach reichlich Übung.

KAFTAJI

GEMÜSEAUFLAUF MIT EI
FÜR 4 PERSONEN

ZUTATEN

1 grüne Zucchini

1 gelbe Zucchini

1 grüne Paprikaschote

1 Aubergine

3 fleischige Tomaten

4 Kartoffeln

1–2 frische Chilis

3 EL Öl

5 Eier

Salz, Pfeffer

2 EL Harissa (arabische Gewürz-
paste)

ZUBEREITUNG

1. Zucchini, Paprika, Aubergine und Tomaten waschen und putzen, Kartoffeln schälen und waschen. Alles in mundgerechte Stücke schneiden. Die Chilis putzen und sehr fein hacken.

2. Öl in einer Pfanne erhitzen. Bei mittlerer Hitze das vorbereitete Gemüse weich dünsten, das dauert etwa 20 Minuten. Das Gemüse in eine Schüssel umfüllen.

3. Nun in der Pfanne die Eier als Spiegeleier braten, bis die Eiweiße stocken und die Eigelbe noch flüssig sind.

4. Eier zu dem Gemüse geben, alles kräftig salzen und pfeffern. Das Gemüse und die Eier mit einem Messer kleinhacken und dabei gut vermischen.

5. In einer kleinen Schüssel Harissa teelöffelweise mit Wasser verrühren, bis es dickflüssig ist. Das Kaftaji anrichten und mit der Harissa beträufeln. Oder die Harissa dazu servieren, damit jeder den Schärfegrad selbst bestimmen kann. Dazu schmeckt frisches Brot.

TAJINE BJIN

VARIANTE DES KLASSISCHEN SCHMORGERICHTS
FÜR 4 PERSONEN

ZUTATEN

5 Kartoffeln
Salz
1 Thunfischfilet (200 g)
1 Zwiebel
2 EL Öl
Pfeffer
5 Eier
½ TL Kurkuma
1 Knoblauchzehe
1 Bund frische Petersilie
50 g Semmelbrösel
180 g Emmentaler

ZUBEREITUNG

1. Den Backofen auf 180 °C vorheizen.
2. Die Kartoffeln schälen, würfeln und in Salzwasser etwa 7 Minuten vorgaren.
3. Den Thunfisch fein schneiden. Die Zwiebel schälen und würfeln. In einer Pfanne das Öl erhitzen, darin Thunfisch mit den Zwiebeln anbraten. Mit Salz und Pfeffer würzen.
4. Die Eier aufschlagen, in einem Topf mit dem Schneebesen verquirlen und mit Pfeffer, Salz und Kurkuma würzen. Knoblauch abziehen und pressen, Petersilie waschen, trockenschütteln und hacken und beides zu den Eiern geben. Dann die vorgegarten Kartoffeln, die Thunfisch-Zwiebel-Mischung und die Semmelbrösel dazugeben.
5. Die Mischung leicht erhitzen. Den Käse reiben und unterheben, und alles so lange rühren, bis der Käse geschmolzen ist.
6. Eine Springform (Ø 26 cm) einfetten, die Masse in die Form geben, glatt streichen. Etwa 25 Minuten im Ofen backen, bis die Oberfläche leicht gebräunt ist.

DJAJ MUHAMMAR

COUSCOUS MIT HUHN
FÜR 4 PERSONEN

ZUTATEN

400 g Hähnchenbrustfilet
4 Möhren
2 große Kartoffeln
2 Zucchini
1 kleine Zwiebel
3 Stiele Petersilie
20 g Butter
6 EL Olivenöl
1 TL Korianderpulver
1 TL Zimt
1/2 TL Ingwerpulver
Salz, Pfeffer
1 EL Tomatenmark
300 g Couscous
50 g Erdnüsse

ZUBEREITUNG

1. Die Hähnchenbrustfilets abwaschen und trockentupfen. Möhren und Kartoffeln schälen und waschen. Zucchini waschen und putzen. Alles in schmale Streifen schneiden. Die Zwiebel schälen und klein würfeln. Petersilie waschen, trocken schütteln und fein hacken.

2. In einem Topf Butter und 3 EL Olivenöl erhitzen, darin die Hähnchenbrustfilets auf beiden Seiten etwa 2 Minuten scharf anbraten. Mit Koriander, Zimt, Ingwer, Salz und Pfeffer würzen. Zwiebeln, Tomatenmark und Petersilie hinzufügen. Wasser angießen, bis das Fleisch knapp bedeckt ist, und garen. Nach etwa 5 Minuten das Gemüse zugeben und weitere 5–10 Minuten garen. Das Gemüse soll noch knackig sein.

3. Während das Fleisch gart, den Couscous in einen Topf geben und mit dem restlichen Öl (3 EL) und etwas Salz mischen. 300 ml kochendes Wasser darüber gießen, umrühren, erhitzen und ca. 5 Minuten zugedeckt bei geringer Hitze köcheln lassen.

4. Die Hähnchenbrustfilets fächerartig aufschneiden. Die Gemüsesauce abschmecken und ein paar Erdnüsse unterrühren. Fleisch mit Gemüse und Sauce anrichten und mit dem Couscous servieren.

LAMM-COUSCOUS

LAMMEINTOPF MIT COUSCOUS
FÜR 4 PERSONEN

ZUTATEN

150 g Kichererbsen

500 g Lammfleisch (Schulter)

2 Möhren

2 große Kartoffeln

4 Tomaten

1 Fenchelknolle

1 kleine Zwiebel

1 Knoblauchzehe

20 g Butter

6 EL Olivenöl

1 TL Korianderpulver

1 TL Zimt

1/2 TL Ingwerpulver

1 TL Kreuzkümmelpulver

Salz, Pfeffer

1 EL Tomatenmark

1 TL Harissa

100 g grüne Erbsen

300 g Couscous

2 EL frisch gehackter Koriander

1 EL Joghurt

ZUBEREITUNG

1. Die Kichererbsen in eine Schüssel geben, mit Wasser bedecken und über Nacht einweichen.

2. Das Fleisch waschen, abtupfen und in kleine Stücke schneiden. Möhren und Kartoffeln schälen und klein schneiden. Tomaten und Fenchel waschen, putzen und ebenfalls klein schneiden. Das Fenchelgrün hacken. Zwiebel und Knoblauch schälen und hacken.

3. In einem Topf Butter und 3 EL Olivenöl erhitzen, darin das Fleisch bei hoher Hitze rundum anbraten. Mit Koriander, Zimt, Ingwer, Kreuzkümmel, Salz und Pfeffer würzen. Zwiebeln, Tomatenmark und Harissa unterrühren, Wasser angießen, bis alles bedeckt ist, und das Fleisch garen.

4. Nach etwa 20 Minuten das vorbereitete Gemüse und die Erbsen hinzufügen, eventuell noch etwas Wasser angießen und alles weitere 20 Minuten garen.

5. Inzwischen den Couscous in einen Topf geben und mit dem restlichen Olivenöl (3 EL) und etwas Salz mischen. 300 ml kochendes Wasser darüber gießen, umrühren, erhitzen und ca. 5 Minuten zugedeckt bei geringer Hitze köcheln lassen.

6. Den Lammtopf abschmecken, gehackten Koriander und Joghurt unterrühren und mit dem Couscous servieren.

ERDNUSS-GHRIBIAS

ALGERISCHES SANDGEBÄCK
FÜR 4 PERSONEN

ZUTATEN

300 g Erdnüsse
200 g Zucker
100 ml Öl
80 g flüssige Butter
1 TL Zimt
Mehl nach Bedarf
Puderzucker zum Bestreuen

ZUBEREITUNG

1. 20 bis 25 Erdnüsse zur Seite legen. Die übrigen Erdnüsse mit dem Zucker in einen Mixer geben und zerkleinern. Öl, Butter und Zimt dazugeben und sehr gut verrühren. Nun so lange Mehl unterkneten, bis ein formbarer Teig entstanden ist, der nicht mehr an den Fingern klebt.

2. Backofen auf 180 °C (Umluft 160 °C) vorheizen und Backbleche mit Backpapier auslegen.

3. Aus dem Teig walnussgroße Kugeln formen. Die Kugeln auf den Blechen verteilen und mit Erdnüssen garnieren. Im Ofen etwa 20 Minuten backen, bis sie hellbraun sind. Nicht zu dunkel werden lassen, dann werden sie trocken.

4. Die Erdnuss-Ghribias auf dem Blech erkalten lassen. Mit Puderzucker bestreuen und gleich genießen – oder in einer luftdichten Dose aufbewahren.

Tony Hohlfeld inszeniert die verschiedenen Zutaten aus Riadhs Gerichten in ihrer unterschiedlichen Konsistenz – die zarten Thunfisch-Röllchen, der Crunch der confierten Kartoffel, die Cremigkeit des Eies. Ein Geschmackszitat aus der algerischen Küche ist die leichte Anisnote des Fenchel.

THUNFISCH / FENCHEL / BIRNE

FÜR 4 PERSONEN

MARINIERTER THUNFISCH

ZUTATEN

200 g Thunfisch
1 Zitrone
Salz, Pfeffer

ZUBEREITUNG

1. Den Thunfisch in feine Tranchen schneiden. Die Zitrone auspressen.
2. Kurz vor dem Servieren Thunfisch mit Salz, Pfeffer und Zitronensaft würzen und zu einem Zylinder aufrollen.

GERÄUCHERTE BIRNENCREME

ZUTATEN

4 Birnen
20 g Buchenspäne
Salz, Pfeffer

ZUBEREITUNG

1. Die Birnen schälen, das Kerngehäuse entfernen und die Birnen entweder auf dem Grill oder in einem Topf mit Sieb und Alufolie über den Buchenspänen etwa 10 Minuten räuchern.
2. Buchenspäne erhalten Sie im Baumarkt beim Grillzubehör. Zum Räuchern geben Sie die Späne in einen Topf und bedecken sie mit Alufolie. Die Birnen füllen Sie in ein Sieb und hängen dies in den Topf. Nun den Topf langsam erhitzen (mittlere Hitze), wenn es anfängt zu rauchen, vom Herd nehmen.
3. Die geräucherten Birnen in einen Topf geben und auf dem Herd abgedeckt etwa 20 Minuten weichkochen. Anschließend mit dem Pürierstab zu einer feinen Creme pürieren und mit Salz und Pfeffer würzen.

Foto: Marinierter Thunfisch / Geräucherte Birnencreme / Rohe Birnenscheiben / Confierte Kartoffeln / Kartoffelchips / Fenchelgewürzsud / Roher Fenchel / Fenchelgrünsalat

ROHE BIRNENSCHEIBEN

ZUTATEN
1 Birne

ZUBEREITUNG

1. Die Birne mit einem Küchenhobel dünn hobeln und mit einem umgedrehten Glas oder Ausstecher runde Scheiben ausstechen.

CONFIERTE KARTOFFELN

ZUTATEN
100 g Butter
20 ml Olivenöl
Salz, Pfeffer
5 rotschalige Kartoffeln

ZUBEREITUNG

1. Die Butter erhitzen und durch ein feines Tuch gießen, um die Molke abzutrennen. In die geklärte Butter Olivenöl, Salz und Pfeffer rühren. Den Ofen auf 120 °C vorheizen.
2. Die Kartoffeln schälen, waschen und in gleichmäßige Würfel schneiden. In eine Auflaufform geben und die flüssige Buttermischung darüber verteilen. Die Kartoffeln sollten vollständig bedeckt sein. Etwa 20 Minuten im Ofen garen, bis sie weich sind.
3. Vor dem Servieren die Kartoffelwürfel mit dem Bunsenbrenner an den Rändern schwarz rösten.

KARTOFFELCHIPS

ZUTATEN

1 Kartoffel
200 ml Sonnenblumenöl

ZUBEREITUNG

1. Die Kartoffel schälen und in feine Scheiben hobeln. Mit einem Aus-stecher oder einem umgedrehten Glas rund ausstechen.
2. In einer tiefen Pfanne das Fett erhitzen, darin die Kartoffeln bei 160 °C goldbraun backen. Auf einem Küchentuch abtropfen lassen.

FENCHELGEWÜRZSUD

ZUTATEN

3 Zwiebeln
3 Knoblauchzehen
3 Fenchelknollen
4 Tomaten
1 Chilischote (mittelscharf)
50 ml Olivenöl
300 ml Fischfond
100 ml weißer Portwein
Salz, Pfeffer
Wacholder, Piment, Lorbeer

ZUBEREITUNG

1. Zwiebeln und Knoblauch abziehen und fein hacken. Fenchel und Tomaten waschen, putzen und in haselnussgroße Würfel schneiden. Chilischote putzen und fein hacken.
2. Zwiebeln und Knoblauch in Olivenöl bei geringer Temperatur lang-sam glasig schmoren. Den Fenchel zugeben und mit anschwitzen. Wenn der Fenchel und die Zwiebeln weich sind, Tomatenwürfel und Chili hinzugeben und alles weiterschmoren, bis ein sämiger Sud ent-standen ist.
3. Fischfond, Portwein und Gewürze zugeben, alles leicht aufkochen und ca. 1 Stunde ziehen lassen. Anschließend den Sud pürieren, ab-schmecken und durch ein feines Sieb passieren.

ROHER FENCHEL

ZUTATEN

1 Fenchelknolle

ZUBEREITUNG

1. Den Fenchel halbieren und an der Wurzel dünn hobeln. Die feinen Scheiben jeweils zu einem Trichter aufrollen.

FENCHELGRÜNSALAT

ZUTATEN

4 Stangen Fenchelgrün
Champagner-Essig
Salz, Pfeffer, Zucker

ZUBEREITUNG

1. Die Fenchelstangen mit einem scharfen Hobel dünn hobeln und in feine Streifen schneiden. In eine Schale geben und mit Essig und Gewürzen marinieren.
2. Alles anrichten und mit Fenchelgrün garnieren.

SHERIFF MANNEH:
»MAN STREITET SICH NIE MIT JEMANDEM, MIT DEM MAN EINE SCHALE ESSEN GETEILT HAT«

Sheriff Manneh kommt aus Gambia, dem kleinsten Land Afrikas, das gleichzeitig für große Vielfalt steht: Über 20 Sprachen werden hier gesprochen. Der kleine Küstenabschnitt des ansonsten komplett vom Senegal umschlossenen Landes ist der fischreichste der Welt und auch die Küche spiegelt die vielfältigen Einflüsse aus dem nordafrikanischen und arabischen Raum wider, die schon auf den Transsaharahandel des 10. Jahrhunderts zurückgehen. Die bunten Trachten, die afrikanische Höflichkeit, die Gastfreundschaft – hier an der Smiling Coast Westafrikas sind sie zuhause. Bis 2015 galt das sogar für die Religion: Traditionelle Veranstaltungen wurden von einem Imam und einem christlichen Geistlichen gemeinsam eröffnet, Halbmond und Lazaruskreuz im Wappen der Hauptstadt Banjul symbolisierten das Miteinander der Glaubensrichtungen. Heute ist Gambia eine islamische Republik. Nach einem gescheiterten Putschversuch 2014 verschärften sich die Repressionen. In der Küche und im Herzen von Sheriff gilt nach wie vor die fröhliche Offenheit, die seine Heimat ausmacht.

In seinem Strandrestaurant am Palmgrove Beach in der Nähe von Banjul servierte Sheriff Fisch in einer Vielfalt, wie wir sie in Deutschland nur aus Unterwasserfilmen kennen. Bis zu zwei Meter lange Barrakudas, der spindelförmige Frauenfisch, farbenfrohe Korallenfische, saftige Meeräschen und Seezungen standen auf der Speisekarte, täglich frisch angeliefert von den Fischern in ihren bunt bemalten Booten. Sie werden am Stand von Frauen in Schüsseln sortiert und direkt verkauft – oder sie kommen auf den trubeligen Albert Market inmitten der Hauptstadt, die mit ihrer Architektur an über 200 Jahre britische Kolonialvergangenheit erinnert. Nachdem bereits die Niederlande, das Kurland und Frankreich Anspruch auf das spätere Gambia geltend gemacht hatten, wurde es 1763 im Pariser Frieden den Briten zugeschlagen. Die sollen zu Kolonialzeiten von ihren Schiffen Kanonenkugeln an Land gefeuert haben, um die späteren Grenzen zu markieren. 1965 wurde Gambia dann unabhängig.

Wenn Sheriff Manneh heute vom Albert Market erzählt, fühlt man sich sofort in das Menschengetümmel, das bunte Treiben versetzt: Frauen mit großgemusterten Kopftüchern und kunstvoll hochgesteckten Frisuren, Gewürzstände, Glasperlen, Batikkleider, Töpferwaren, Holzschnitzereien – und immer wieder Fisch. Frisch, getrocknet, geräuchert. Er ist der Reichtum eines der ärmsten Länder der Welt.

Capitaine à la Saint Louisienne ist eines der Nationalgerichte – ein im Ganzen servierter Flussbarsch aus dem Gambia-River, der Lebensader, die das Land auf 480 Kilometer durchzieht. Er wird mit einer raffinierten Kräutermischung gefüllt und im Ofen gegart. Es gibt Austern-Eintöpfe. Und Felsen-Hummer. Gegrillt, geröstet, frittiert, gebacken. Sheriff hat ihn in seinem Restaurant meist im Sud ausgekochter Karkassen gegart. Das Gericht war sehr beliebt. Aber auch zum deftigen Frühstück werden schon Fischbällchen in den vielen Garküchen entlang der Straßen angeboten. Dazu süße Krapfen mit kandierten Erdnüssen. Oder Tiogio, eine Fischsuppe mit Erdnusssauce.

Erdnuss – Hauptakteur der Gambia-Küche

Damit kommt der zweite Hauptakteur der Gambia-Küche ins Spiel – die Erdnuss. Sie ist das wichtigste Exportgut des Landes. Auf jedem zweiten landwirtschaftlich genutzten Feld wird die Nuss, die eigentlich gar keine ist, angebaut. Botanisch ressortiert sie eher bei den Hülsenfrüchten, kulinarisch wartet sie dafür aber mit einer enormen Vielfalt an Mineralstoffen und Proteinen auf. Und sie ergibt ein aromatisches Öl, das hoch erhitzt und deshalb auch für Wok-Gerichte verwendet werden kann. Als Paste und Sauce kommt sie in vielen gambischen Eintöpfen vor, zum Beispiel Domoda mit Fleisch, Gemüse und eben dickflüssiger Erdnusssauce. Sheriff bereitet ihn mit Tony Hohlfeld und mir zu. Süße und Schärfe verbinden sich zu einem besonderen Geschmackserlebnis. Für Sheriff ist das zugleich eine Erinnerung an das Essen zuhause. Seine nun 82-jährige Mutter ist eine gute Köchin, versorgte nicht nur ihre sieben Kinder, sondern motivierte auch Sheriff dazu, Koch zu werden.

Wegen der zunehmenden Bedeutung des Tourismus hat der Beruf des Kochs im Vergleich zu anderen afrikanischen Ländern ein hohes soziales Ansehen, wie das Kochen selbst ein gesellschaftliches Ritual ist. »Man streitet sich nie mit jemandem, mit dem man eine Schale Essen geteilt hat«, sagt ein altes gambisches Sprichwort. Sheriff bestätigt das. »Ich habe mehr Appetit, wenn ich mit anderen zusammen esse. Meinen Teller teile ich mir auch heute noch mit meiner Frau.« Bei ihm zuhause wurden die Mahlzeiten in einem Topf zusammen zubereitet. Jeder, manchmal auch die Nachbarn, brachte etwas mit, gab es in den Topf. Dann wurde auf einem großen Teller angerich-

tet und gemeinsam davon gegessen. Die gambische Küche ist dabei nicht besonders kompliziert. Gewürzt wird meist nur mit Chili, Zwiebeln und Knoblauch. Aber sie braucht Zeit. »Essen ist Zeit miteinander«, sagt Sheriff. Und fügt an: »Meine drei Kinder sind schon Europäer. Die essen alle für sich allein.«

Nach Deutschland kam Sheriff bereits vor einigen Jahren, während des Militärputsches, mit dem der heutige Staatspräsident die Macht im Land übernommen hatte. Ein Professoren-Paar aus Bielefeld hatte ihm damals empfohlen, hierher zu kommen und ihn auch unterstützt. Mittlerweile lebt einer seiner Brüder in Bremerhaven, zwei andere Geschwister wohnen in England. Sheriff selbst machte eine Kochausbildung, arbeitet heute in einem italienischen Restaurant. Während für uns Maniok und Barrakuda als Exoten gelten, fasziniert ihn bis heute die Rezeptur für Rheinischen Sauerbraten.

Sein Heimatland bemüht sich zwischenzeitlich, den aufkommenden Öko-Tourismus jenseits der Pauschalangebote zu entwickeln. Auch einige alternative Kochprojekte gehören dazu. Sie zeigen die Weltoffenheit und Gastfreundschaft vieler Menschen in Gambia. Regelmäßige Attacken des despotischen Präsidenten, zuletzt der lautstarke Austritt aus dem Commonwealth, die Verfolgung von Journalisten oder die Verhaftung von Homosexuellen, sorgen jedoch dafür, dass internationale Hilfsgelder immer wieder gestoppt werden. Dennoch besucht Sheriff gemeinsam mit seinen Kindern die Familie in der alten Heimat. Wenn dann die Mutter für seine mittlerweile fünfköpfige Familie kocht, ist es ein bisschen wie früher.

Eine Prise Mythologie

In die Küche Gambias mischt sich immer auch eine Prise Mythologie. Den als heilig verehrten Affenbrotbaum zum Beispiel hat Gott, der Legende nach, aus Ärger über die Menschheit aus dem Boden gerissen und verkehrt herum wieder eingepflanzt. Die bizarren Äste des markanten Baumriesen künden davon und sehen wie Wurzeln aus. Genauso alt wie diese Geschichte sind vermutlich einige Exemplare selbst, denn der Affenbrotbaum kann mehrere tausend Jahre alt werden. In seinem bis zu fünfzehn Meter hohen Stamm speichert er Wasser und ist so gegen Dürre resistent. Sogar Buschbrände können ihm nichts anhaben.

Der *Baobab*, wie er auf Wolof, einer der Sprachen Gambias heißt, ist aber auch universelle Nahrungsquelle: Die Blätter, die erst wenigen Wochen vor Beginn der Regenzeit im Juni keimen, werden wie Spinat frisch als Salat oder gedämpft gegessen. Getrocknet und pulverisiert haben sie einen sehr hohen Energiegehalt. Das Pulver wird aber auch als Medikament genutzt. Die fettreichen Samen werden zu Baobab-Öl gepresst, das besonders reich an Antioxidantien ist. Getrocknet ergeben sie ein Pulver zum Andicken von Saucen und Suppen, fermentiert ein Gewürz, geröstet einen Snack. Die Früchte des

Baobab, so groß wie Kokosnüsse, schmecken wie eine Mischung aus Grapefruits, Birnen und Vanille. Aus ihnen wird Saft gepresst, Marmelade oder zusammen mit Hirse und Milch ein schmackhafter Brei gekocht. Alle Produkte des Baums wirken antiviral, enthalten viel Vitamin C, Kalium, Eisen, Calcium und Magnesium. Der Baum ist gleich auch die gambische Hausapotheke – zurecht also eine Pflanze, der mit Ehrfurcht begegnet wird.

Obwohl die muslimische Mehrheit der Bevölkerung keinen Alkohol trinkt, eignen sich die Früchte des Affenbrotbaumes auch, zu Bier vergoren zu werden. Ebenso wird Hirsebier angeboten. Und Palmwein, eines der traditionellen Getränke, das auch Sheriff in seinem Strandrestaurant ausgeschenkte: Der säuerliche Wein wird direkt von Ölpalmen abgezapft. Dazu klettern erfahrene Palm Wine Trapper in die Krone der Bäume, befestigen dort Flaschen, um den Wein aufzufangen. Eine Palme produziert etwa einen Liter pro Tag, der direkt nach der Ernte frisch und kühl schmeckt, dann aber in der Sonne gärt. Besondere Wirkung wird ihm nachgesagt, wenn er von Bäumen aus dem heiligen Wald von Makasutu stammt, einem Naturreservat an einem Nebenarm des Gambia Rivers. Ebenso beliebt ist aber auch der säuerliche Wonjo-Saft, der beim Überbrühen der roten Blüten von Sauerampfer entsteht.

Vorzugsweise nach dem Essen wird in Gambia mit Gästen und der Familie grüner Tee getrunken, der nach der traditionellen Art der Zubereitung Ataya genannt wird. Bereits im 10. Jahrhundert gelangte der Tee aus China über Mauretanien durch den Transsaharahandel nach Westafrika. Aus einem Emaille-Kännchen wird der Tee schwungvoll in kleine Tassen gegossen. Anschließend wird er in einer kunstvollen Prozedur mehrmals von einer Tasse in die andere geschüttet, bis er schaumig wird. Je häufiger das wiederholt wird, umso besser soll der Tee schmecken. Getrunken wird er dann mit viel Zucker und Minzblättern. Der erste von drei Aufgüssen, so sagen die überlieferten Regeln der Teezeremonie, schmeckt bitter wie der Tod, der zweite lieblich wie das Leben und der dritte süß wie die Liebe. Wenn Sheriff von seinem Weg nach Europa, von seinem Restaurant in der Heimat und seiner Familie in Gambia erzählt, schwingt jedes dieser Gefühle mit – fast, als säße er mit ihnen beim Tee.

MANIOK – KARTOFFEL DER TROPEN

Maniok ist Grundnahrungsmittel für fast eine Milliar-
de Menschen, gleich nach Reis, Mais und Kartoffeln.
Vor 500 Jahren brachten die Portugiesen die bis zu
einem Meter lange und rund fünfzehn Zentimeter
dicke Wurzel des Maniokstrauches aus ihren südame-
rikanischen Kolonien nach Afrika. Dort bürgerte sich
das extrem stärkehaltige Gemüse schnell ein und
setzte seinen Siegeszug nach Südostasien fort.
Weltweit steht Maniok in verschiedenster Darrei-
chung auf dem Speiseplan – nur in Europa nicht.
Dabei ist die Zubereitung ganz einfach: Knollen
waschen, schälen, der Länge nach teilen, die harte
Mittelvene herauslösen, in Stücke schneiden, wie
eine Kartoffel in Salzwasser kochen, fertig. In große Stäbchen geschnitten und frittiert ergeben die
Wurzeln leicht süßliche Pommes Frites. In Afrika und
Peru hat es der Maniok auf diese Weise sogar bis in
die Fastfood-Ketten geschafft. Aber so weit müssen
wir es ja nicht kommen lassen. Ob als Ofen-Maniok
mit salziger Butter bestrichen zum Fisch, als Alternative zum Kartoffelstampf, zum Verfeinern von Suppen
und Saucen oder für Fladenbrot aus Maniokmehl
– das im Inneren weiß-gelbliche Gemüse ist vielsei-
tig einsetzbar, zum Beispiel auch als Ersatzstoff bei
Weizenmehl-Allergikern. Und selbst die Blätter des
Strauches lassen sich wie Spinat zubereiten. Nur roh
sollten Sie die Knollen nicht essen, dann ist Maniok
giftig. Das verflüchtigt sich aber schon beim Waschen, spätestens beim Erhitzen.

Maniok bekommen Sie in afrikanischen oder asia-
tischen Lebensmittelläden. Das rötlich-braune
Äußere der Wurzel sollte möglichst unbeschädigt
sein. Greifen Sie eher zu kleineren, dafür aber festen
Wurzeln. Gekühlt lassen sie sich zwei bis drei Wochen
problemlos lagern – allerdings nicht in der Nähe von
Kartoffeln. Dann verfärben sich die Enden schwarz
und nehmen einen unangenehmen Geruch an. Wahr-
scheinlich, weil sie der Kartoffel die Vormachtstellung
in Europa neiden. Aber vielleicht können wir den Maniok mit zunehmender Verbreitung auch in unserer
Küche milder stimmen – ein erster Schritt dazu sind
die Rezepte von Manneh Sheriff.

YASSA GANARR

HÄHNCHENKEULEN IN SENF-ZWIEBEL-SAUCE
FÜR 4 PERSONEN

ZUTATEN

4 Hähnchenkeulen

2 Zitronen

Salz

frisch gemahlener schwarzer
   Pfeffer

4 Möhren

2 festkochende Kartoffeln

3 Zwiebeln

4 Knoblauchzehen

1 Chilischote

5 TL Senf

50 ml Pflanzenöl

350 ml Gemüsebrühe

ZUBEREITUNG

1. Die Haut von den Hähnchenkeulen ablösen und jede Hähnchenkeule in zwei gleich große Stücke schneiden. Für die Marinade eine Zitrone auspressen, den Saft in eine Schale gießen, leicht salzen und kräftig pfeffern. Die Hähnchenkeulen rundum mit der Marinade bestreichen und eine Stunde stehen lassen.

2. Möhren und Kartoffeln schälen und in etwa gleich große Würfel schneiden. Zwiebeln und Knoblauchzehen abziehen und fein würfeln bzw. durch die Knoblauchpresse drücken. Die Chilischote putzen und fein hacken. Alles in eine Schüssel geben. Senf und den Saft der zweiten Zitrone dazugeben, alles mit Salz und Pfeffer würzen und gut mischen.

3. Die Hähnchenkeulen abtropfen lassen. Öl in einem Topf erhitzen, darin die Hähnchenkeulen rundum bei hoher Temperatur kurz anbraten. Danach die Zwiebel-Möhren-Mischung in den Topf geben und anrösten. Wenn es anfängt zu kochen, Gemüsebrühe angießen, die Temperatur reduzieren und das Ganze etwa 30 Minuten bei mittlerer Hitze köcheln lassen.

4. Das Yassa Ganarr abschmecken und servieren.

Als Beilage passt Reis.

BEEF DOMODA

RIND IN ERDNUSSSAUCE
FÜR 4 PERSONEN

ZUTATEN

3 Möhren

2 Zwiebeln

2 Süßkartoffeln

1 Kartoffel

1 Chilischote

500 g Rinderfilet

2–3 EL Sonnenblumenöl

Salz, Pfeffer

50 g Tomatenmark

300 ml Brühe

150 g geschälte Tomaten (Dose)

4 EL cremige Erdnussbutter
    (möglichst afrikanische)

ZUBEREITUNG

1. Die Möhren säubern und in fingerdicke Scheiben schneiden. Die Zwiebeln schälen und in Streifen schneiden. Süßkartoffeln und Kartoffel schälen und ebenfalls in dicke Scheiben schneiden. Die Chilischote putzen und fein hacken.

2. Das Rinderfilet abwaschen, trockentupfen und würfeln. Das Öl in einem Topf erhitzen, darin das Fleisch rundum scharf anbraten. Salzen, pfeffern, Zwiebeln und Tomatenmark hinzugeben und unter Rühren weiterbraten.

3. Brühe angießen, Süßkartoffeln, Kartoffeln, Möhren, Chili und Tomaten hinzugeben. Erdnussbutter unterrühren, dabei die Tomaten mit dem Kochlöffel etwas zerkleinern. Alles etwa 40 Minuten köcheln lassen, mit Salz und Pfeffer abschmecken und servieren.

Als Beilage passt Couscous, Reis oder Fladenbrot.

CHEWE YAPPA

LAMMEINTOPF MIT GEMÜSE
FÜR 4 PERSONEN

ZUTATEN

2 Zwiebeln

3 verschiedenfarbige Paprikaschoten

1 kleine Aubergine

5 Möhren

3 große Kartoffeln

150 g Maniokwurzel

300 g Lammfilet

4 EL Sonnenblumenöl

2 EL Tomatenmark

200 ml Gemüsebrühe

1 Stück Ingwer

4 Lorbeerblätter

8 Rosenkohlröschen

Salz, Pfeffer

ZUBEREITUNG

1. Die Zwiebeln schälen und in Scheiben schneiden. Paprika und Aubergine waschen, putzen und würfeln. Möhren schälen und in Stifte
schneiden. Eine Kartoffel schälen und fein würfeln. Maniokwurzel
schälen, halbieren, die Mittelvene entfernen, die Hälften würfeln.

2. Das Lammfilet in mundgerechte Stücke schneiden. 2 EL Öl in einem
Topf erhitzen, darin das Fleisch scharf anbraten, bis es knusprig braun
ist.

3. Jetzt nacheinander Zwiebeln, Paprika, Maniok und Kartoffeln unter-
mischen. Tomatenmark einrühren und das Gemüse anrösten. Mit
Gemüsebrühe ablöschen. Die Hitze reduzieren und alles bei mittlerer
Hitze etwa 15 Minuten köcheln lassen.

4. Den Ingwer schälen, raspeln und in den Topf geben. Auberginen,
Möhren und Lorbeerblätter unterrühren und weitere 15 Minuten
köcheln lassen.

5. Die Rosenkohlröschen waschen, putzen und den Strunk in Kreuz-
form einschneiden. Große Röschen halbieren. In den Topf geben und
den Eintopf weitere 15 Minuten garen.

6. Die restlichen Kartoffeln schälen, in gleichmäßig dicke Scheiben
schneiden und in einer Pfanne im restlichen Öl (2 EL) anbraten.
Wenn die Kartoffelscheiben knusprig braun sind, aus der Pfanne
nehmen und auf einem Küchentuch das Fett abtropfen lassen.

7. Den Lammeintopf mit Salz und Pfeffer abschmecken und mit den
Kartoffelscheiben servieren.

CHEB-OU-JEN

GEFÜLLTE DORADE MIT GEMÜSE UND REIS
FÜR 4 PERSONEN

ZUTATEN

Für den gefüllten Fisch

2 Salzwasserfische (z. B. Dorade,
   Wolfsbarsch oder Heilbutt)
2 Bund Petersilie
2 Knoblauchzehen
Salz, Pfeffer
3 TL Sonnenblumenöl

Für das Gemüse

250 g Maniokwurzel
2 Knoblauchzehen
2 Zwiebeln
2 Möhren
1 rote Paprikaschote
1 grüne Paprikaschote
150 g Aubergine
1 kleine Süßkartoffel (200 g)
300 ml Gemüsebrühe
4 EL Tomatenmark
4 Lorbeerblätter
Salz, Pfeffer
250 g Reis

ZUBEREITUNG

1. Die Fische gründlich mit kaltem Wasser abspülen und die Seitenflossen abtrennen. Danach quer in zwei Hälften schneiden und in jede Hälfte zwei etwa 2–3 cm tiefe Taschen schneiden.

2. Die Petersilie abwaschen, grob zerkleinern, mit zwei geschälten Knoblauchzehen in einen Mixer geben und fein mixen. Mit Salz und Pfeffer würzen. Die Masse zu gleichen Teilen in die Taschen der Fischhälften füllen.

3. Den Backofen auf 120 °C (Ober-/Unterhitze) vorheizen. In einer ofenfesten Pfanne das Sonnenblumenöl erhitzen, darin die Fische auf mittlerer Stufe auf jeder Seite 4–5 Minuten anbraten. Die Pfanne in den Ofen schieben und die Fische weitere 20–25 Minuten garen, je nach Art und Größe.

4. Für das Gemüse die Maniokwurzel schälen, halbieren und die Mittelvene entfernen. Die Hälften in dicke Scheiben schneiden. Knoblauchzehen schälen und durch eine Knoblauchpresse drücken. Zwiebeln, Möhren, Paprika und Aubergine schälen bzw. waschen und putzen und jeweils in kleine Würfel schneiden. Die Süßkartoffel schälen und in mittelgroße Stücke schneiden. Alles zusammen in einen Topf geben. Tomatenmark und Lorbeerblätter dazugeben, Brühe angießen, zum Kochen bringen und das Gemüse bei mittlerer Hitze 15–20 Minuten garen. Mit Salz und Pfeffer abschmecken.

5. Reis nach Packungsanweisung kochen. Wenn das Gemüse im Topf gar ist, die festen Zutaten mit einer Kelle ausschöpfen, bis nur der Sud übrig bleibt. Den gekochten Reis in den Sud geben und ziehen lassen, damit er dessen Aromen aufnimmt.

6. Den gefüllten Fisch mit Gemüse und Reis anrichten und servieren.

Süße, Schärfe, Rauch – all das steckt in Beef Domoda (S. 49). Tony Hohlfeld nimmt die Aromen mit karamellisierter Süßkartoffel, eingelegter scharfer Peperoni, geräuchertem Jus auf und verbindet sie mit der cremigen Konsistenz der Avocado. Perfekt umschließt diese Vielfalt das gegrillte Kalbsfilet.

KALB / AVOCADO / SÜßKARTOFFEL

FÜR 4 PERSONEN

GEGRILLTES KALBSFILET

ZUTATEN
600 g Kalbsfilet
2 EL Butter
Salz, Pfeffer

ZUBEREITUNG

1. Das Kalbsfilet von Fett und Sehnen befreien, danach in gleichmäßige Portionen schneiden. Auf dem Grill von allen Seiten kurz angrillen, dann bei 80 °C 25 Minuten im Ofen garen.
2. Butter in einer kleinen Pfanne auf mittlerer Hitze zum Schmelzen bringen. Temperatur nicht mehr verändern. Die geschmolzene Butter in regelmäßigen Abständen umrühren. Zunächst ist sie noch trüb, dann wird sie immer klarer. So lange erhitzen, bis sie nach Nuss riecht und eine goldbraune Farbe hat.
3. Sobald die Butter stark aufschäumt, das Fleisch darin mit Salz und Pfeffer nochmals kurz nachbraten, dann servieren.

EINGELEGTE PEPERONI

ZUTATEN
5 rote Peperoni
50 ml Olivenöl

ZUBEREITUNG

1. Die Peperoni der Länge nach halbieren und von den Kernen befreien. Die halbierten Peperoni mit der Hautseite nach oben bei 250 °C im Ofen backen, bis sie schwarz werden. Leicht abkühlen lassen und von der Haut befreien. Danach in Olivenöl vakuumieren (siehe Seite 61) und kalt legen.

Foto: Gegrilltes Kalbsfilet / Eingelegte Peperoni / Geräucherte Kalbsjus / Avocadocreme / Gegrillte Avocado / Gebrannte Süßkartoffeln / Sesam-Mayonnaise

GERÄUCHERTE KALBSJUS

ZUTATEN

2 kg Kalbsknochen
100 g Zwiebeln
50 g Möhren
50 g Sellerie
50 g Champignons
200 g Buchenspäne
100 g reife Tomaten
2 Knoblauchzehen
1 TL Sonnenblumenöl
200 ml Portwein
Salz, Pfeffer
Wacholder, Piment, Lorbeer

ZUBEREITUNG

1. Die Kalbsknochen mit dem Messer klein hacken (oder gehackt kaufen). Zwiebeln, Möhren, Sellerie und Champignons putzen und mit den Kalbsknochen in ein Sieb geben. Das Sieb in einen großen Topf mit Buchenspänen hängen und für 1 Stunde räuchern. Anschließend alles in eine Form füllen und im Ofen bei 180 °C etwa 45 Minuten dunkelbraun rösten.

2. Buchenspäne bekommen Sie im Baumarkt. Zum Räuchern füllen Sie die Späne in einen großen Topf und bedecken sie mit Alufolie. Das Räuchergut füllen Sie in ein Sieb und hängen dies in den Topf. Nun den Topf langsam erhitzen (mittlere Hitze), es darf nicht qualmen.

3. Die Tomaten und Knoblauchzehen putzen und klein schneiden, beides in einem heißen Topf in etwas Sonnenblumenöl anschwitzen und bei kleiner Temperatur so lange schmoren lassen, bis die Flüssigkeit verdampft ist.

4. Die Kalbsknochen und das Gemüse zu den Tomaten geben und mit dem Portwein ablöschen. So lange köcheln lassen, bis die Flüssigkeit um die Hälfte reduziert ist.

5. Gewürze und so viel Wasser hinzugeben, bis alles bedeckt ist. Danach den Sud offen bei etwa 90 °C 36 Stunden auf dem Herd ziehen lassen, bis er die gewünschte Intensität erreicht hat.

AVOCADOCREME

ZUTATEN

1 Avocado
1 Knoblauchzehe
Saft von ½ Limette
25 g Naturjoghurt (3,5 % Fett)
Chili
Salz, Pfeffer

ZUBEREITUNG

1. Die Avocado halbieren, den Kern entfernen, das Fruchtfleisch aus der Schale lösen und in ein hohes Gefäß geben.

2. Die Knoblauchzehe schälen und zu der Avocado pressen. Limettensaft, Joghurt und Gewürze zugeben und alles zu einer feinen Creme pürieren.

GEGRILLTE AVOCADO

ZUTATEN
1 Avocado
Saft von ½ Limette
2 TL brauner Zucker
Salz, Pfeffer

ZUBEREITUNG
1. Die Avocado halbieren, den Kern entfernen und das Fruchtfleisch in gleichmäßige Spalten (wie bei einer Melone) schneiden. Die Avocadospalten mit Limettensaft einreiben und mit dem braunen Zucker leicht bestäuben.
2. Die Avocadospalten auf den Grill legen und kurz grillen, sie sollen nur das typische Muster bekommen. Mit Salz und Pfeffer würzen.

GEBRANNTE SÜßKARTOFFELN

ZUTATEN
100 g Butter
2 Süßkartoffeln
Salz, Pfeffer

ZUBEREITUNG
1. Die Butter erhitzen und durch ein feines Tuch gießen, damit sie von der Molke befreit wird. Die Süßkartoffeln schälen, in gleichmäßige Würfel schneiden, in einen Topf geben und mit der geklärten Butter übergießen. Salzen, pfeffern und im geschlossenen Topf im Ofen bei 120 °C etwa 50 Minuten garen, bis sie weich sind.
2. Die weichen Kartoffeln aus der Butter nehmen und mit dem Bunsenbrenner an den Ecken schwärzen. Eventuell noch einmal mit Salz und Pfeffer nachwürzen.

SESAM-MAYONNAISE

ZUTATEN
1 Eigelb
75 ml Sesamöl
Salz, Pfeffer
20 ml Sushi-Essig

ZUBEREITUNG
1. Das Eigelb in eine hohe Rührschüssel geben. Das Sesamöl unter ständigem Rühren mit dem Mixer langsam einlaufen lassen. Salzen, pfeffern und zum Schluss den Essig unter ständigem Rühren zugeben.

Beim Anrichten des Gerichts können Sie Schafgarbe zum Dekorieren verwenden.

36 Stunden gart das Lamm wie in einem Eintopf aus Gambia.
Tony Hohlfeld hüllt es in einen Mantel aus aromatisiertem Chicorée,
kombiniert es mit der Frische und der Salzigkeit einer Tomaten-
Sardellen-Creme. Die Zwiebeln tauchen gleich in drei Varianten
auf – als Sand, als Mayonnaise, als farbenprächtiger Korall.

LAMM / SARDELLE / ZWIEBEL

LAMMKEULE

ZUTATEN

1 Lammkeule
Öl
Lammgewürzsud (siehe Seite 95)

ZUBEREITUNG

1. Das Fleisch vom Knochen befreien und von den Sehnen lösen. Knochen zum Ansetzen des Lammgewürzsuds beiseite stellen.
2. Öl in einer Pfanne erhitzen, darin das Fleisch bei hoher Temperatur scharf anbraten und mit dem Lammgewürzsud vakuumieren (siehe Seite 61). Das vakuumierte Lammfleisch 36 Stunden bei 58 °C im Wasserbad garen. Anschließend in Eiswasser legen und stark herunterkühlen.
3. Das Fleisch aus dem Beutel holen. Den Fond in einen Topf geben und bei niedriger Temperatur (etwa 100 °C) reduzieren, bis er streichfähig ist wie eine dicke Suppe. Das Lammfleisch in kleine Würfel schneiden und zum Anrichten in der Sauce langsam warmrühren.

CHICORÉE

ZUTATEN

1 unbehandelte Limette
400 ml entsaftete Möhre
10 g Currypulver
1 Chicorée

ZUBEREITUNG

1. Die Limette waschen. Zesten abschälen, dann halbieren und auspressen.
2. Den Möhrensaft mit Limettenzesten und -saft in einem Topf bei geringer Hitze (75 °C) reduzieren. Es darf nicht kochen, nur dampfen. Danach das Currypulver einrühren.
3. Die äußeren Blätter des Chicorées entfernen. Die größeren Blätter ablösen und mit dem Möhren-Curry-Sud vakuumieren (siehe Seite 61).

Foto: Lammkeule / Chicorée / Roter Zwiebelfond /
Zwiebelkorall / Tomaten-Sardellen-Creme / Röstzwiebelstaub / Röstzwiebelmayonnaise

ROTER ZWIEBELFOND

ZUTATEN

4 rote Zwiebeln
30 g brauner Zucker
200 ml trockener Rotwein
400 ml Geflügelfond

ZUBEREITUNG

1. Die Zwiebeln schälen, klein schneiden und mit dem Zucker in einer Pfanne bei geringer Temperatur karamellisieren.
2. Mit Rotwein ablöschen und die Flüssigkeit bei geringer Temperatur auf die Hälfte reduzieren. Nun den Geflügelfond angießen und wieder auf die Hälfte reduzieren. Danach die Sauce pürieren und durch ein feines Sieb passieren.

ZWIEBELKORALL

ZUTATEN

100 ml roter Zwiebelfond
    (siehe oben)
70 g Tapiokamehl (aus Maniok-
    wurzel)
6 g Thick and Easy
Frittierfett
Salz

*Thick and Easy ist ein Instantpul-
ver zum Andicken. Sie bekommen
es in der Apotheke.*

ZUBEREITUNG

1. In einer Schüssel Zwiebelfond mit Tapiokamehl und Thick and Easy mixen.
2. Die Masse auf eine Silikonmatte dünn aufstreichen. Einen sauberen Kamm durch die aufgestrichene Masse ziehen, sodass dünne Streifen entstehen.
3. Die Matte mit den Streifen bei 90 °C Dampf für 6 Minuten in den Konvektomaten schieben – oder bei Umluft in den Backofen mit einer Wasserschale auf dem Boden.
4. Danach die Streifen etwa 10 Stunden bei Raumtemperatur trocknen lassen, bis sie knusprig sind. Die getrockneten Streifen in heißem Fett (ca. 180 °C) frittieren und leicht salzen.

TOMATEN-SARDELLEN-CREME

ZUTATEN

1 kg Zwiebeln
3 Knoblauchzehen
100 g Butter
Salz, Pfeffer
2 kg Dosentomaten (geschält)
50 g eingelegte Sardellen

ZUBEREITUNG

1. Zwiebeln und Knoblauch schälen, klein schneiden und in der Butter mit Salz und Pfeffer glasig anschwitzen. Wenn die Zwiebeln glasig sind, die Dosentomaten dazugeben und bei mittlerer Temperatur um die Hälfte einkochen lassen.
2. Die Sardellen dazugeben und alles zusammen fein mixen und durch ein Micro-Sieb passieren.

RÖSTZWIEBELSTAUB

ZUTATEN

1 kg Zwiebeln
1 l Rapsöl

ZUBEREITUNG

1. Die Zwiebeln schälen und in feine Streifen hobeln.
2. Das Rapsöl auf ca. 160 °C erhitzen und die Zwiebelstreifen darin goldgelb ausbacken. In ein Sieb geben und abtropfen lassen, dabei das Öl auffangen.
3. Die abgetropften Zwiebeln mit dem Pürierstab mixen. Auf Küchenpapier streichen und bei 56 °C im Ofen (oder Dörrautomaten) trocknen lassen. Das Pürieren und Trocknen so oft wiederholen, bis ein trockener Sand entsteht. Das dauert etwa zwei Tage.

RÖSTZWIEBELMAYONNAISE

ZUTATEN

2 Eigelbe
200 ml Röstzwiebelöl (vom
 Ausbacken der Zwiebeln, siehe
 oben)
Salz, Pfeffer

ZUBEREITUNG

1. Eigelbe mit dem Pürierstab mixen, nach und nach das Röstzwiebelöl einfließen lassen, bis das Eigelb emulgiert. Danach mit Salz und Pfeffer würzen.

VAKUUMGAREN

Als Vakuumgaren (Sous vide) bezeichnet man eine Methode zum Garen von Fleisch, Fisch oder Gemüse in einem Kunststoffbeutel bei relativ niedrigen Temperaturen von unter 100 °C. Die Speisen werden in einen Kunststoffbeutel eingeschweißt, die Luft wird mit einem Vakuumiergerät abgesaugt und dann wird der Inhalt bei konstanter Wassertemperatur im Bereich von 50 bis 85 °Celsius zubereitet. Die luftdichte Verpackung sorgt dafür, dass Aromen und Vitamine erhalten bleiben und Gemüse knackig bleibt.

Mit einem Vakuumierer geht es am einfachsten, doch es funktioniert auch ohne. Sie brauchen dafür einen luftdichten Beutel, zum Beispiel einen Gefrierbeutel. Das Fleisch nun in die Tüte geben und mit dem Strohhalm die Luft aussaugen. Den Beutel eindrehen und mit einer Klammer verschließen. Zwar geht dabei nicht die komplette Luft raus, aber das Ergebnis ist dennoch akzeptabel.

Wichtig ist eine konstant niedrige Temperatur. Wer kein entsprechendes Gerät besitzt, kann sich auch mit einem Topf und einem Küchenthermometer behelfen. Das Wasser auf gewünschte Temperatur erhitzen und den Beutel hineingeben. Noch besser ist es, wenn das Wasser etwas wärmer ist als gewünscht, weil die Temperatur durch das Gargut zunächst etwas absinkt. Die Wärme regelmäßig kontrollieren. Noch einfacher ist es im Backofen: Den Topf mit dem bereits temperierten Wasser samt Vakuumbeutel auf den Boden des vorgeheizten Ofens stellen.

NEDA RAMFAR-IPAKCHI: »KOCHEN FÜR GÄSTE MACHT MICH GLÜCKLICH.«

Die persische Küche gleicht einem Märchen aus 1001 Nacht – verführerisch, immer wieder überraschend und dennoch harmonisch. Die Fülle auf den traditionellen Sofreh-Tischtüchern, auf denen man mit immer willkommenen Gästen ein gemeinsames Mahl einnimmt, schöpft aus der unvergleichlichen kulinarischen Vielfalt einer über 7000 Jahre alten Kultur. Wie wenig passt das mit dem Bild des heutigen Iran zusammen, das uns in Nachrichten und Erfahrungsberichten vermittelt wird. Die Freude an der Küche ihrer Heimat ist für Neda Ramfar-Ipakchi davon unberührt. Der Einfallsreichtum, mit dem sie traditionelle Gerichte modern interpretiert und dabei immer auch einen Blick in die große Kultur ihres Landes erlaubt, fasziniert.

Sobald sich Perser irgendwo treffen, gibt es etwas zu essen. »Bei allen Familien meiner Heimat war und ist Essen ganz zentral«, bestätigt Neda Ramfar-Ipakchi. Sie beschreibt damit nicht nur eine Begeisterung für Gemeinschaft und Gastgebertum, sondern vor allem die eigenständige kulturelle Bedeutung, die Kochen und Küche im Iran haben. Das gilt für das ganze Land, obgleich die regionalen Unterschiede in Rezepturen und Traditionen sehr groß sind. Kein Wunder, denn der Iran ist so groß wie Frankreich, die Schweiz und Großbritannien zusammen. Das persische Reich unter den Königen der Antike reichte gar von Indien bis in die Türkei. Von allen Ländern und Kulturen ist auch kulinarisch etwas in eine der reichsten Küchen der Welt eingegangen. Alexander der Große meinte 470 v. Chr., das persische Reich sei ihm militärisch deshalb unterlegen, weil sich die Krieger zu viel ums Essen gekümmert hätten und dabei träge geworden seien. Nach gewonnener Schlacht nahm er dann an den Feierlichkeiten des persischen Neujahrsfestes teil, kostete selbst von der zuvor verspotteten extravaganten Küche und wies sein Heer an, vor dem Rückmarsch ins heimische Griechenland möglichst viele der köstlichen Zutaten mitzunehmen. So geht es bis heute jedem, davon kann auch Neda berichten.

Aus den verschiedenen Regionen des Iran gelangt auch heute noch ein bemerkenswerter Strom von jahrzeitlichen Produkten in die Hauptstadt Teheran und wird dort im größten Basar der Welt mit über 10.000 Läden angeboten. Datteln und Bananen aus dem heißen Süden, Pistazien, Mandeln und Granatapfel aus dem trockenen Zentraliran, Äpfel, Erd- und Maulbeeren aus den milderen Bergregionen im Norden, Zitronen, Feigen, Tee, Reis, Aprikosen und Melonen aus den regenreichen Gebieten am kaspischen Meer und das für die Küche so typische Edelgewürz Safran aus dem Nordosten. Hinzu kommt ein weiteres Gewürz, das in keinem iranischen Haushalt fehlt: Kurkuma, das Pulver vom gelben Ingwer, das nicht nur ein wichtiges Gewürz ist, sondern auch entzündungshemmend und wegen seiner Antioxidantien gegen Schlaganfall wirken soll. Bei Fleisch gilt es zu beachten, dass Lämmer, Kälber, Rinder und Geflügel rituell geschlachtet worden sein müssen, Schwein und Kaninchen gelten als unrein. Ebenso schuppenlose Wassertiere, zum Beispiel Aal.

Persische Küche – ausgewogen und bekömmlich
Der Überfluss an Produkten macht diese reiche Küche aber nicht beliebig. Sie schafft eine einzigartige Geschmacksharmonie und Balance, deren Wurzeln weit zurückreichen, bis zum Zoroastrismus und ihren Stifter Zarathustra 600 v. Chr. Die Anhänger dieser Religion nennen sich heute Parsen und leben zum Teil noch im Iran. Ihr kulinarisches Erbe ist eine Trennung der Produkte in heiß und kalt. Heiß sind Fleisch, Gewürze, Zucker und Nüsse, also anregende, energieträchtige Lebensmittel. Als kalt, also beruhigend, gelten Reis, Milch, Zitrusfrüchte und Tee. Die in vielen Speisefolgen bis heute spürbare Ausgewogenheit und Bekömmlichkeit der persischen Küche basiert darauf, diese Produkte wechselseitig zu variieren – auf eine Suppe mit Bohnen (kalt) folgt dann zum Beispiel ein heißes Dessert mit Nüssen. Die Regeln haben sich in der heutigen Küche längst verselbstständigt. Aber sie erklären traditionelle Rezepturen und Menüfolgen, wie sie auch Neda von ihrer Mutter und Großmutter gelernt hat.

Als Neda nach Deutschland kam, merkte sie schnell, dass die Faszination der Küche ihres Heimatlandes auch hier die Menschen zusammenbringt. Sie kochte zunächst in München auf einem Treffen internationaler Frauen. »Die Anerkennung hat mich bestärkt, immer mehr zu machen«, sagt Neda. Mit Einfallsreichtum, Charme und Entschlossenheit baute sie dann einen eigenen kleinen Cateringservice für

orientalische Küche auf. Gemeinsam mit Freunden veranstaltete sie Nächte für internationales Essen und Tanz, bei denen sowohl Flüchtlinge aus den verschiedensten Ländern als auch Deutsche Eindrücke aus anderen Kulturen sammeln und schmecken konnten. Dabei treten immer wieder die Unterschiede zu Tage: Die persische Küche arbeitet deutlich mehr mit Gewürzen. »Ein bisschen mehr Mut würde da der deutschen Küche guttun.«

Das bestätigen auch die Mitarbeiter von Bahlsen, in deren Kantine Neda rund 100 Portionen Shirin Polo kocht. Die Arbeitsgeräte und Abläufe in der Großküche sind dabei durchaus eine Herausforderung. Aber schnell übernimmt Neda das Zepter. Folglich steht sie auch selbst hinter der Ausgabe, stellt die Teller zusammen, erklärt das Gericht. Der süße Reis mit Pistazien, Mandeln, Bitterorangen und das mit Safran geschmorte Huhn bringen ganz neue Geschmackserlebnisse. Und das Gericht schafft vielfach eine erste Begegnung mit einer anderen Zutat der persischen Küche: Berberitzen. Die längliche rote Frucht mit ihrem säuerlichen Aroma verleiht dem Reis eine spannende Note. Sie wird im Iran zu vielen Gerichten, unter anderem zu Fleisch und Fisch, hinzugegeben.

Reis – ein Juwel

Hauptrolle spielt bei diesem Gericht der Reis, der weit mehr als eine Sättigungsbeilage ist. Ganz im Gegenteil: Als er vor rund 2 500 Jahren über die Handelsstraßen nach Persien kam, galt er als Delikatesse, die nur zu besonderen Anlässen gereicht wurde. Reiskörner galten als Juwelen. Hauptanbaugebiet für Reis aus dem Iran ist heute Gilan am Kaspischen Meer. Drei Garvarianten unterscheidet die persische Küche: Die einfachste heißt Kathe und bezeichnet mit Salz und Wasser gekochten Reis, dem dann Butter und Öl beigemischt werden, um den Reis ausquellen zu lassen. Kathe-Reis wird im Norden schon zum Frühstück mit Milch und Marmelade gegessen. Polo bezeichnet hingegen eine Art Reisauflauf, wie ihn Neda auch in der Kantine zubereitet hat. Dabei wird der vorgegarte Reis mit Gemüse, Nüssen oder Obst und Fleisch vermengt, geschichtet und zum Servieren gestürzt. Die Königsdisziplin ist Tschelo, gebutterter und gedünsteter Reis mit goldbrauner Kruste. Parallel zum Reis gibt es aber auch eine vielfältige Auswahl an Brot – vom hauchdünnen Weizenmehlfladen, der mit Sesam und Kreuzkümmel bestreut wird, bis zum dunklen und löchrigen »nane sangak«, das aus Roggenmehl besteht und auf Kieselsteinen gebacken wird.

Neda sind all diese Gerichte seit frühester Jugend vertraut. Denn ihr Elternhaus war sehr gastfreundlich, es wurde viel gekocht und häufig über den ganzen Tag. Selbst zufälligen Gästen und Handwerkern im Haus bietet man neben Tee immer auch einen kleinen Imbiss an. Wenn gerade groß gekocht wird, der Gast den Duft des Gerichtes wahrnimmt,

wird er eingeladen, zu kosten. Nicht selten waren zwanzig und manchmal weit mehr Gäste im Haus der Ipakchi. Das ist Nedas Mädchenname, der übersetzt Seide bedeutet. »Essen kochen für Gäste macht mich glücklich«, sagt sie. Obwohl: Der große Aufwand für die oft mehr als zehn Gerichte steht meist nicht im Verhältnis zur Länge der Mahlzeiten von weniger als einer halben Stunde. Alle Gerichte werden zeitgleich aufgetragen. Man isst mit Gabeln und Löffeln, weil mundgerecht portioniert wird.

Regelrechte Bankette gibt es auch in den Privathäusern zu den großen Festen, zum Beispiel zum persischen Neujahr Norus, das Ende März über zwei Wochen gefeiert wird und den Einzug des Frühlings markiert. Bereits Alexander der Große wurde zu diesem Anlass ein Freund der persischen Küche. Noch heute wird Norus sehr traditionell gefeiert. Auf der festlich mit Blumen geschmückten Tafel stehen sieben Lebensmittel symbolisch unter anderem für Liebe, Gesundheit, Schönheit, Alter und Wiedergeburt. Samanu, ein Pudding aus Weizenkeimlingen, ist das Zeichen für Verwandlung und gleichzeitig für die Kochkunst. Zum Fest werden gefärbte Eier dekoriert. Und man reicht neben Eis und Gebäck auch Süßigkeiten mit Marzipan, das ebenfalls aus der persischen

Küche stammt, und nicht etwa aus Lübeck. Nach dreizehn Tagen endet das Fest mit einem Picknick und Tanz.

Was trinkt man zum Essen im Iran? Zunächst natürlich Tee, der erst seit Mitte des 19. Jahrhunderts aus Indien nach Persien gelangt, sich aber schnell durchsetzte. Er wird klassisch im Samowar zubereitet und steht so über den ganzen Tag zur Verfügung. Er ist Bestandteil verschiedener Traditionen. Nach Einwilligung der künftigen Schwiegereltern wird ihnen von der Braut ein mit Honig gesüßter Safrantee mit Kardamom als Liebesbeweis serviert. Alltagstauglicher und erfrischend sind hingegen Dugh, ein salziges Joghurtgetränk, das an den türkischen Ayran erinnert, und Sharbat, ein Mixgetränk aus vorgekochtem süßem Sirup (Rosenwasser, Limetten oder Minze) mit Fruchtsaft und Wasser. Obwohl es in Persien eine über 2 000 Jahre alte Weinbautradition gab, insbesondere mit dem Anbau der Shiraz-Traube, ist im Iran heute Alkohol strengstens verboten. Neda berichtet jedoch, dass es auf privaten Partys auf unerklärliche Weise dann doch den einen oder anderen Tropfen gibt.

Auch nach einigen Jahren in Deutschland kocht Neda zu Hause für die Familie noch immer persisch. Dabei variiert sie allerdings Zutaten, interpretiert traditionelle Gerichte neu. »Ich verrate aber niemandem, dass ich etwas anders mache. Dann essen sie es alle.« Und dennoch gab es für sie in der deutschen Küche einige Entdeckungen: Rosmarin und Muskat kannte sie zuvor nicht. Bockwurst und Wiener Schnitzel liebt sie jetzt regelrecht.

BERBERITZE –
DIE SAURE WUNDERBEERE

Selbst im allmorgendlichen Müsli kann man auf kulinarische Entdeckungsreise gehen. Die kleinen roten
Sauerbeeren darin wurden nämlich schon von den
alten Römern zur Fieberbekämpfung eingesetzt. Sie
brachten die Früchte mit den Berbern in Verbindung,
nannten sie folglich Berberitzen und setzten sie auch
in der Küche ein. Seither haben sie einen wahren Siegeszug durch Europa angetreten. Selbst der deutsche
Pfarrer Kneipp empfahl die länglichen Mini-Beeren
bei allerlei Beschwerden. Trotz ihrer bedeutenden
Geschichte löffeln viele die saure Superfrucht einfach
nur so weg. Im Nahen Osten ist das anders. Dort stehen Berberitzen zur Aromatisierung von Reis, Saucen
und Fleischgerichten ganz oben auf der Zutatenliste.
Sie werden zu Marmelade verkocht oder ganz einfach
als Snack verzehrt.

   Seit Neda sie in ihren Rezepten eingesetzt hat, feh-
len die getrockneten sauren Beeren auch in meinem
Haushalt nicht mehr. Eine späte Entdeckung, denn
Berberitzen wachsen auch bei uns in vielen Gärten
und Parks. Bei der Ernte im Herbst ist allerdings
Vorsicht angesagt – bis auf die Beeren ist alles am
Berberitzenstrauch giftig. Für Berberitzen-Neulinge
empfehlen sich also die getrockneten Früchte aus
dem Reformhaus. Bisweilen findet man auch frische
Früchte in orientalischen Lebensmittelgeschäften.
Achten Sie dann auf die leuchtend rote Farbe.

Die Beeren haben Gesundheits-Bestwerte: reichlich
Vitamin C zur Stärkung des Immunsystems, viele
Ballaststoffe und einen hohen Anteil roter Farbstoffe
gegen freie Radikale. Wer sie, wie wir, aus geschmack-
lichen Gründen liebt, verfeinert damit Blatt- und
Kartoffelsalate, gibt sie angebraten zu Fisch oder ge-
nießt die nachgekochten Gerichte aus der iranischen
Küche. In Apfelsaft eingeweicht lässt sich daraus
ein wunderbar saurer Brotaufstrich kochen, der den
Berberitzen dann beim Frühstück den prominenteren
Platz zuweist, der ihnen schon wegen ihrer langen
Geschichte zusteht.

BAGHALI POLO VA MAHICHE

BOHNENREIS MIT LAMMKEULE
FÜR 4 PERSONEN

ZUTATEN

200 g dicke Bohnen (TK)

2 Zwiebeln

2 Knoblauchzehen

4 Lammkeulen

6 EL Öl

1 TL Kurkuma

1 TL Kreuzkümmelpulver

2 Bund frischer Dill (alternativ
   4–5 EL getrockneter Dill)

1/2 TL Safranfäden

400 g Reis

Salz

Die hier beschriebene Art, Reis zu kochen, ist typisch für den Iran und für Persien, so wird er besonders locker. Dafür wird ein spezieller Reistopf verwendet – ideal ist ein beschichteter Topf oder eine beschichtete Pfanne. Sie können den Reis aber auch auf herkömmliche Art zubereiten.

ZUBEREITUNG

1. Die Bohnen auftauen. Zwiebeln und Knoblauch abziehen und hacken. Die Lammkeulen in einem Topf in 2 EL Öl bei mittlerer Hitze 5 Minuten rundum anbraten, bis sie braun werden. Herausnehmen.

2. Zwiebeln und Knoblauch in den Topf geben und unter Rühren glasig werden lassen. Kurkuma und Kreuzkümmel hinzufügen und erhitzen, bis es aromatisch duftet.

3. Die Lammkeulen wieder in den Topf geben, Wasser angießen, bis alles knapp bedeckt ist, und zum Kochen bringen. Nach kurzem Aufkochen etwa 1 Stunde abgedeckt auf kleiner Stufe köcheln lassen. Danach umrühren und weitere 30 Minuten köcheln, bis das Fleisch weich ist.

4. Inzwischen den Bohnenreis zubereiten. Dafür die aufgetauten Bohnen aus der Schale lösen. Den Dill abbrausen, trockentupfen und hacken. Safranfäden kurz in einem Mörser zerstoßen und mit etwas warmem Wasser verrühren, damit er seine Farbe entfalten kann.

5. Den Reis in 1 l Wasser mit 2 EL Salz für ca. 30 Minuten einweichen. In einem beschichteten Topf 1 l Wasser zum Kochen bringen. Den Reis abgießen und in das kochende Wasser geben. Etwa 5 Minuten garen, dann in ein Sieb geben und abtropfen lassen. Der Reis soll noch Biss haben.

6. In den heißen Topf das restliche Öl (4 EL) einrühren. Sobald das Öl heiß wird, 1/3 vom Reis hineingeben, dann 1/3 vom Dill und 1/3 von den Bohnen drauf verteilen, dies zweimal wiederholen, bis die Zutaten aufgebraucht sind. Den Topfdeckel in ein sauberes Geschirrtuch wickeln, den Topf damit schließen und den Reis mit den Bohnen bei niedriger Hitze 30 Minuten dämpfen.

7. Ein paar Löffel Reis aus dem Topf nehmen und mit dem in Wasser aufgelösten Safran mischen.

8. Bohnen-Dill-Reis in eine flache Schüssel füllen, den mit Safran gefärbten Reis darüber streuen. Die Lammkeulen und die Sauce dazu anrichten.

KHORESHTE FESENDSCHAN

PERSISCHER EINTOPF MIT HUHN
FÜR 4 PERSONEN

ZUTATEN

1 Hähnchen

Salz, Pfeffer

2 Zwiebeln

200 g Walnüsse

2 EL Öl

300 ml persischer Granatapfelsirup

400 g Basmatireis

1 EL Butter

*Persischer Granatapfelsirup ist
ein Granatapfelkonzentrat und in
orientalischen Supermärkten zu
bekommen.*

ZUBEREITUNG

1. Den Backofen auf 200 °C (Umluft: 170 °C) vorheizen. Das Hähnchen in vier Teile zerteilen. Diese mit Salz und Pfeffer würzen und in eine feuerfeste Form mit Deckel legen.

2. Die geschlossene Form in den Ofen stellen und das Fleisch etwa 1 Stunde im eigenen Saft schmoren lassen.

3. Für die Walnusssauce die Zwiebeln sehr fein würfeln und die Walnüsse fein mahlen. Öl in einem Topf erhitzen, darin die Zwiebeln goldbraun anbraten. Die gemahlenen Walnüsse dazugeben und unter Rühren leicht anrösten (Vorsicht, die Masse brennt schnell an).

4. Granatapfelsirup angießen, alles salzen, pfeffern und gut verrühren. Die Sauce auf kleinster Flamme ca. 1 Stunde köcheln lassen.

5. Den Reis in einem Sieb gut abwaschen, dann in 1 l Wasser mit 2 EL Salz etwa 30 Minuten einweichen. In einem beschichteten Topf 1 l Wasser zum Kochen bringen, den Reis abgießen und in das kochende Wasser geben. Die Hitze reduzieren und den Reis ca. 5 Minuten garen, er soll noch Biss haben. In einem Sieb abtropfen lassen.

6. In den heißen Topf ca. 1 cm hoch Wasser geben und die Butter einrühren. Sobald die Mischung zu blubbern beginnt, vorsichtig den Reis hineingeben. Den Topfdeckel in ein sauberes Geschirrtuch wickeln, den Topf damit schließen und den Reis mit den Bohnen bei niedriger Hitze 30 Minuten dämpfen.

7. Das Hähnchen aus dem Ofen nehmen und kurz abkühlen lassen. Das Fleisch von den Knochen lösen, in mundgerechte Stücke zerteilen und in die Sauce geben. Das Huhn in der Sauce ca. 30 Minuten bei niedrigster Hitze weiterköcheln.

8. Den fertigen Reis in eine Schüssel geben und zu dem Khoreshte Fesendschan servieren.

SHIRIN POLO

SÜSSER REIS MIT BERBERITZEN
FÜR 4 PERSONEN

ZUTATEN

400 g Basmatireis
Salz
2 große Möhren
4 Kardamomkapseln
1/2 TL Safranfäden
1 EL Butter
5 EL Sonnenblumenöl
70 g gehackte Mandeln
30 g gehackte Pistazien
50 g Berberitzen
30 g Sultaninen
abgeriebene Schale von
    1 unbehandelten Orange
1 EL Rohrzucker

ZUBEREITUNG

1. Den Reis in einem Sieb gut abwaschen, dann in 1 l Wasser mit 2 EL Salz etwa 30 Minuten einweichen.
2. Die Möhren schälen, mit einem Kartoffelschäler längs in dünne Scheiben, und diese dann in Stifte schneiden. Kardamomkapseln mit einem scharfen Messer einmal kurz anritzen, damit sie beim Kochen ihr Aroma abgeben. Safranfäden im Mörser oder einer Tasse zerstoßen und mit 3 EL warmem Wasser übergießen.
3. In den heißen Topf ca. 1/2 cm hoch Öl (4 EL) geben. Sobald das Öl heiß geworden ist, den Reis hineingeben. Den Topfdeckel in ein sauberes Geschirrtuch wickeln, den Topf damit schließen und den Reis bei niedriger Hitze 30 Minuten dämpfen.
4. In einer beschichteten tiefen Pfanne (mit Deckel) Butter und Sonnenblumenöl erhitzen. Mandeln und Pistazien darin anrösten. Berberitzen, Sultaninen, abgeriebene Orangenschale und Kardamomkapseln dazugeben und kurz anbraten. Das Safranwasser dazugeben, kurz umrühren und Rohrzucker zufügen. Die Möhren in die Pfanne geben und sofort die Temperatur reduzieren.
5. Die Kardamonkapseln herausfischen. Die Mischung aus Punkt 4 über den Reis verteilen.
6. Den Reis auf einer Platte anrichten. Nach Belieben mit Pistazien und Mandeln bestreuen.

Dieser süße Reis kann als Hauptgericht serviert werden. Im Iran gibt es dazu jedoch meist geschmortes Huhn.

SCHOLEH SARD

SÜSSER REIS MIT SAFRAN UND MANDELN
FÜR 4 PERSONEN

ZUTATEN

200 g Basmatireis

1 EL Rosenwasser

Salz

100 g Butter

1 Prise Safranpulver

100 g Zucker

50 g gestiftelte Mandeln

30 g gehackte Pistazien

1 EL Korinthen

ZUBEREITUNG

1. Den Basmatireis in einem Sieb gründlich waschen. Zusammen mit Rosenwasser, Salz und 1 l Wasser in einen Topf geben. Aufkochen lassen, dann den Reis bei niedriger Hitze etwa 30 Minuten garen. Evtl. entstehenden Schaum abschöpfen.

2. Danach Butter, Safran, Zucker und Mandeln zum Reis geben. Alles gut mischen und den Reis 15–20 Minuten unter ständigem Rühren kochen lassen, bis die Flüssigkeit aufgebraucht ist.

3. Den fertigen Reis auf vier kleine Schalen verteilen und mindestens eine Stunde kalt stellen.

4. Mit Pistazien und Korinthen bestreuen und als Nachspeise servieren.

Statt Basmatireis und Wasser können Sie auch Milchreis und Milch verwenden.
Rosenwasser erhalten Sie in der Apotheke.

KASHKE BADEMJAN

AUBERGINENMOUSSE
FÜR 4 PERSONEN

ZUTATEN

4 Auberginen

Salz

5–6 EL Öl

1 Gemüsezwiebel

6 Knoblauchzehen

Pfeffer

2 EL getrocknete Minze

4 EL Kashke (im Asia-Shop
   erhältlich)

ZUBEREITUNG

1. Die Auberginen schälen, in dicke Scheiben schneiden, diese auf einen Teller legen und salzen. Die Auberginenscheiben 15–20 Minuten stehen lassen, damit sie Wasser ziehen, dann mit Küchenpapier abtupfen. Das Öl in einer Pfanne erhitzen, die Auberginenscheiben von beiden Seiten anbraten, danach in einen Topf geben.

2. Zwiebel und Knoblauch schälen und fein hacken. Die Zwiebeln in die Pfanne geben und hellbraun anbraten, Knoblauch zugeben und kurz anschwitzen.

3. Die Zwiebel-Knoblauch-Mischung über die Auberginen geben. Salzen und pfeffern und bei mittlerer Hitze immer wieder verrühren, bis eine weiche Masse entsteht.

4. Im restlichen Öl die Minze leicht anbraten. Kashke in 2 EL heißem Wasser auflösen. Die Auberginenmasse auf einer Servierplatte anrichten, Kashke und Minze dekorativ darauf verteilen.

Sie können die Masse auch in kleine gefettete ofenfeste Förmchen füllen und im Backofen bei 200 °C etwa 10 Minuten überbacken. Vor dem Servieren etwas Kashke darauf träufeln. Kashke ist eine getrocknete Joghurtmasse, die mit Wasser zu einem weißen Brei aufbereitet wird. Als Alternative können Sie Schafs- oder Ziegenjoghurt verwenden.

Die Süße der eingelegten Zwiebel, die frische Schärfe des Rettichs – Tony Hohlfeld nimmt die Aromenvielfalt des Shirin Polo mit hiesigen Zutaten auf, vermittelt vom Reis als gepuffte Perle oder als Creme. Pistazienschaum und Safran veredeln das Gericht.

ZWIEBEL / RETTICH / REIS

FÜR 4 PERSONEN

REIS-SAFRAN-CREME

ZUTATEN

50 g Rundkornreis
200 ml Milch
0,5 g Safran
100 ml frischer Rettichsaft
50 g Butter
Salz, Pfeffer

ZUBEREITUNG

1. Den Reis in einem abgedeckten Topf etwa 15 Minuten mit der Milch kochen, bis er weich ist.
2. Die restlichen Zutaten zufügen und alles mit einem Mixer oder Pürierstab zu einer feinen Creme mixen.
3. Mit einem Entsafter erhalten Sie im Handumdrehen frischen Rettichsaft. Sie können ihn aber auch per Hand herstellen: Dazu den Rettich fein reiben, die Raspel in ein Tuch geben und über einer Schüssel den Saft abquetschen.

GEWÜRZFOND

ZUTATEN

100 g Zwiebeln
100 g Staudensellerie
100 g Champignons
100 g Knollensellerie
100 g Möhre
1 l Traubensaft
1 EL Ras el-Hanout

ZUBEREITUNG

1. Das Gemüse putzen bzw. schälen und in kleine Würfel schneiden. Auf einem Blech verteilen und im Ofen bei 180 °C etwa 45 Minuten rösten, bis es fast komplett schwarz ist.
2. Das schwarze Gemüse mit dem Traubensaft und dem Ras el-Hanout (Gewürzmischung aus dem Orientshop) vakuumieren (siehe Seite 61) und 48 Stunden kühl lagern. Danach durch ein feines Sieb passieren.

Foto: Reis-Safran-Creme / Gewürzfond / Eingelegte Zwiebeln / Pistazienschaum / Rettich-Vinaigrette / Marinierter Melonenrettich und Möhre / Reisperlen

BRAUNE BUTTER

Braune Butter kann zu verschiedenen gebratenen, gerösteten und mit Butter zubereiteten Gerichten verwendet werden. So wird sie zubereitet:

Die gewünschte Menge ungesalzener Butter in Stücke schneiden. Die Stücke sollten ungefähr die gleiche Größe haben, damit sie gleichmäßig schmelzen.

Die Butterstücke in einen Topf mit dickem Boden geben – das ist wichtig, da dünne Töpfe oder Pfannen meist ungleichmäßig erhitzen. Den Topf unter ständigem Rühren bei mittlerer Stufe auf dem Herd erhitzen. Wenn die Butter komplett geschmolzen ist, wirft sie Blasen und schäumt auf. Das Wasser verdampft und die Milchbestandteile setzen sich ab. Anschließend zerfällt der Schaum langsam, und kleine braune Flecken setzen sich ab. Das ist die Milch, die braun wird.

Ständig weiter rühren, bis die Milchbestandteile gleichmäßig gebräunt sind. Dann von der Herdplatte nehmen. Unbedingt weiter rühren, da die Hitze im Topf noch nachwirkt. In eine hitzebeständige Schale umfüllen und abkühlen lassen.

EINGELEGTE ZWIEBELN

ZUTATEN

5 Zwiebeln

200 ml Gewürzfond (siehe oben)

ZUBEREITUNG

1. Die Zwiebeln schälen und halbieren. In einer beschichteten Pfanne ohne Fett auf den aufgeschnittenen Flächen bei mittlerer Temperatur dunkelbraun anrösten.
2. Anschließend Zwiebeln gemeinsam mit dem Gewürzfond vakuumieren (siehe Seite 61) und bei 85 °C im Wasserdampf 25 Minuten garen. Die gegarten Zwiebeln für eine Woche kühl einlagern.
3. Zum Anrichten die Zwiebeln mit dem Sud erhitzen.

PISTAZIENSCHAUM

ZUTATEN

100 g Pistazien

30 g braune Butter

200 ml Milch

100 ml Sahne

1 g Xanthan

Salz, Pfeffer

ZUBEREITUNG

1. Die Pistazien in der braunen Butter bei 120 °C rösten, bis sie leicht braun sind. Milch und Sahne zugießen und die Pistazien leicht köcheln lassen, bis sie relativ weich sind.
2. Unter Rühren Xanthan, Salz und Pfeffer zugeben. Alles pürieren und durch ein feines Sieb passieren.
3. Zum Anrichten mit einem Mixer aufschäumen und über die anderen Zutaten träufeln.

Xanthan ist ein Gelier- bzw. Verdickungsmittel, das häufig in Süßspeisen zugesetzt wird. Es sorgt für eine cremige Konsistenz. Sie bekommen es im Reformhaus oder im Internet.

RETTICH-VINAIGRETTE

ZUTATEN

50 ml frischer Rettichsaft

25 ml Sherryessig

80 ml Leindotteröl

Salz, Pfeffer, Zucker

ZUBEREITUNG

1. Alle Zutaten in ein Gefäß geben und gut durchmixen.

MARINIERTER MELONENRETTICH UND MÖHRE

ZUTATEN

1 Melonenrettich

1 Möhre

Rettich-Vinaigrette
   (siehe oben)

ZUBEREITUNG

1. Den Rettich und die Möhre putzen und waschen. Beides fein hobeln und mit einem runden Ausstecher oder einem umgedrehten Glas gleichmäßige Kreise ausstechen.
2. Die Kreise mit der Rettich-Vinaigrette marinieren und zum Anrichten zwischen die Zwiebelsegmente stecken.

Die Melonenrettich-Scheiben sind leuchtend rot und sehen besonders apart aus. Sie können aber auch jede andere Rettichsorte verwenden.

REISPERLEN

ZUTATEN

100 g Langkornreis

10 g Salz

40 g frisch geriebener Ingwer

100 g geschlagenes Eiweiß
   (3 Eier Größe M)

Sonnenblumenöl

ZUBEREITUNG

1. Den Reis mit 200 ml Wasser, Salz und Ingwer in einen Topf geben. Abgedeckt etwa 30 Minuten sehr weich kochen, anschließend pürieren und auf Raumtemperatur abkühlen lassen.
2. Das geschlagene Eiweiß nach und nach unter die Reiscreme heben, bis eine luftige Masse entsteht.
3. Aus der Reiscreme auf eine Silikonmatte kleine Kugeln spritzen. Diese bei 75 °C im Backofen oder Dörrautomaten trocknen.
4. In einer tiefen Pfanne das Öl auf 190 °C erhitzen, die getrockneten Perlen hineingeben und aufpuffen lassen.
5. Zum Dekorieren Karottengrün und Ampferkraut-Stiele verwenden.

HASSAN ABAKAR OMAR
»WIE SCHMECKT EIGENTLICH KAMEL?«

Die Küche des Sudan ist so vielfältig wie die verschiedenen Volksstämme und religiösen Gruppen in diesem Land der Gegensätze. Nilfische im Osten, Schafe und Ziegen im Westen, üppige Süßspeisen im Süden, scharfe Saucen und Pasten zum Fleisch im Norden. Eine typische Landesküche gibt es ebenso wenig wie in anderen afrikanischen Ländern, deren Grenzen mit dem Lineal des Kolonialismus gezogen worden sind. Aber es gibt etwas, das die Menschen verbindet – die geradezu überbordende Gastfreundschaft. Sie ist über die materiellen Verhältnisse in einem der ärmsten Länder Afrikas erhaben und überträgt sich überall dorthin, wo Sudanesen leben. Zum Beispiel am Weißekreuzplatz mitten in Hannover, wo Hassan Abakar Omar in einem Protestcamp sudanesischer Flüchtlinge für seine Landsleute gekocht hat.

finden sich deshalb auch in vielen Gerichten und als Sauce wieder – auf Arabisch heißen sie »ful suda-niyye«, »sudanesische Bohne«. Sie laufen aber den Augen- und Saubohnen im eigentlichen Nationalge-richt des Sudan nicht den Rang ab: »Ful«, ein Eintopf aus gekochten und leicht zerdrückten Bohnen, der je nach Region mit verschiedenen anderen Zutaten kombiniert wird. Hassan kocht die Bohnen, gibt Tomate, Dill, Koriander, Petersilie, Käse sowie klein gehackte, gekochte Eier dazu und serviert das Gericht mit den in der Pfanne gebratenen Fladenbroten aus Grieß, Kesra. Auch Falafel wird dazu gereicht, in diesem Fall sind sie aus Bohnenpaste und werden in Sesamöl frittiert. Man isst das Gericht, wie alles im Sudan, mit der rechten Hand. Die linke gilt als unrein.

Ful gehört zu den Speisen, die Hassan der Mutter als Kind zuzubereiten half, er unterstützte sie beim Kochen für große Anlässe und lernte schließlich, die Gerichte selbst zu kochen. Sie war eine gute Köchin. Er und seine fünf Brüder mochten ihre Küche sehr. »Ich mag es, gutes Essen zu machen«, sagt er heute und beschreibt damit auch seine Motivation, selbst Koch zu werden – ein angesehener Beruf im Sudan. Ein knappes Jahr arbeitete Hassan in einem kleinen, traditionellen Restaurant. Eine richtige Speisekarte gab es dort nicht, sondern ein Tagesangebot aus Zutaten, die gerade zu bekommen waren. Es gab viel Lamm- und Ziegenfleisch, Gemüse, frische Früchte und die zahlreichen sudanesischen Schmorgerichte. Gekocht wurde dort von früh morgens bis zum spä-ten Abend. »Im Sudan isst man immer«, sagt Hassan. Und das vorzugsweise sehr scharf oder sehr süß.

Dabei hat der Sudan den Einfluss der vielen Kulturen über seine Geschichte hinweg immer auch kulinarisch übersetzt – türkische Kebabs, arabische Gewürze und äthiopische Fladenbrote, alles wurde in diesem Land bereitwillig probiert, variiert und in

Hassan Abakar Omar kommt aus einem kleinen Dorf bei Al-Fashir, der umkämpften und gebeutelten Hauptstadt der sudanenischen Region Darfur. Flücht-ling zu sein, ist für die Menschen auch innerhalb des Sudan traurige Realität. Seit Beginn des Bürger-krieges und der Konflikte in Dafur sind 2,6 Millionen von ihnen auf der Flucht, zum Teil in Zeltlagern untergebracht. Die Stadt Al-Fashir, in der Geschichte Ausgangspunkt wichtiger Karawanenrouten und Handelszentrum, ist heute Marktplatz für die land-wirtschaftlichen Produkte aus der ganzen Region: Hirse, Erdnüsse, Sesam, Bohnen, Linsen. Erdnüsse

die eigene Küche übernommen. Dazu gehört nicht nur Neugierde, sondern auch Kreativität im Umgang mit den Zutaten, die Händler, Reisende und zum Teil auch Besatzer immer wieder mitbrachten. Hassan scheint diesen Instinkt geerbt zu haben. Denn er übersetzt die Gerichte aus der Heimat mit Einfallsreichtum auf das Sortiment, das Geschäfte in Deutschland anbieten. Und bleibt dennoch seiner Küche treu.

Fufu – Grundnahrungsmittel in Afrika

Auch in Libyen, wohin Hassan zunächst auswanderte, arbeitete er zwei Jahre in einem Restaurant. Die Küche war eher international. In Europa hat er bereits verschiedene Stationen hinter sich. Und seit 2013 auch in Deutschland. Wir trafen ihn im Protestcamp sudanesischer Geflüchteter auf dem Weißekreuzplatz in Hannover, wo er von Mai 2014 bis zu dessen Räumung im April 2016 regelmäßig für seine Landsleute kochte. Das sind dann schon bis zu 200 Essen, die er in einer provisorischen Zeltküche zubereitete. Eine wackelige Arbeitsfläche, zwei Gaskocher, ein paar Schneidebretter, große Töpfe direkt auf dem blanken Boden. Bänke stehen vor den Planen, unter denen gegessen wird. Es gibt nicht nur Gerichte aus der Heimat. Aber natürlich gehört auch Ful dazu. Und Fufu, ein fester, sehr nahrhafter Brei aus Maniok oder Yams und Kochbananen. Er ist in ganz Afrika Hauptbestandteil oder Beilage vieler Gerichte. Die gekochten Zutaten werden zerstampft, bis eine zähe Masse entsteht, die zu portionsgroßen Klößen geformt und mit einer würzigen Suppe oder Sauce serviert wird. Für unsere Version von Fufu verarbeitet Hassan Mais- und Weizenmehl. Wir empfehlen aber durchaus auch die authentischen Zutaten, wenn sie zu bekommen sind. Dann zeigt uns Hassan, wie man Fufu isst: Mit den Fingern formt er mundgerechte Bällchen, tunkt sie in die Suppe und führt sie zum Mund.

Fufu kocht Hassan auch für die Mitarbeiter der Flughafenkantine in Hannover. Mit einem großen Spachtel, der an das Paddel eines Ruderbootes erinnert, rührt und knetet er den zähen Brei, bis er ihn als Beilage zu einem pikanten Lammeintopf ausgibt. Das ist harte Arbeit, vor allem in den großen Mengen und in den riesigen Töpfen der Kantine, aus denen täglich rund 450 Mahlzeiten kommen. Aber es macht ihm merklich Spaß, die interessierten Blicke der anderen Köche aus der Kantine und der Mitarbeiter zu sehen, die ihre Tabletts nun an der Ausgabe und an Hassan vorbeischieben. Und die Neugierde siegt – die italienischen Antipasti haben an diesem Tag das Nachsehen. Das sudanesische Essen kommt gut an. Pikant und scharf – bewusst hat Hassan für den hiesigen Gaumen aber auch eine milde Version seines Gerichtes bereitet.

Umgekehrt hat Hassan, der inzwischen zeitweise ein Zimmer bei einem deutschen Unterstützer des Camps bewohnt, auch schon hiesige Gerichte probiert. Besonders die verschiedenen Kohlsorten kannte er bisher nicht – Grünkohl, Rosenkohl, Rotkohl. Sie könnte er sich vorstellen, in die Rezepte für die heimatlichen Eintöpfe aus dem Sudan zu überneh-

men. Integration einmal umgekehrt. Und dann sagt er etwas, was uns in unserem Überschwang für Rezepte, Produkte und Gerichte sehr trifft: »Ich esse alles. Wer einmal Hunger hatte, der ist nicht wählerisch.«

Das gemeinsame Essen in der Kantine erinnert Hassan zumindest ein bisschen an die Mahlzeiten in den kleinen Dörfern des Sudan. Häufig isst dort die ganze Nachbarschaft zusammen, man tauscht sich über den Tag aus, lacht und berät sich zu allen Fragen. Frauen und Männer essen getrennt. Bis zu seinem zehnten Lebensjahr saß Hassan bei den Frauen, dann durfte er zum ersten Mal in der großen Runde mit seinem Vater essen. Der war Bauer. Und auch hinter dem Haus gab es einen kleinen Familiengarten mit selbst angebauter Okra, einem der wichtigsten Gemüse in der ostafrikanischen Küche und zugleich eine der ältesten überhaupt. Bis 4 000 v. Chr. lassen sich ihre Spuren zurückverfolgen. Hassan verwendet sie auch getrocknet als Bindemittel zum Beispiel in Eintöpfen. Zum Haushalt gehörten auch ein Esel, ein Schaf und ein Hund. An seine Familie denkt Hassan viel zurück. Sie sind alle noch im Sudan.

Tagelang gekocht wurde in der Heimat zu ganz besonderen Anlässen, zum Beispiel Hochzeiten. Da halfen immer alle aus der ganzen Straße mit, sagt Hassan. So auch seine Mutter und er selbst. Was stand dann auf dem Speiseplan? Zum Beispiel Kamel – obwohl eigentlich andere Fleischsorten auch wegen der trockenen Konsistenz und des speziellen Geschmacks des Höckertiers vorgezogen werden. Wenn es noch Jungtiere sind entspricht der Geschmack etwa Rindfleisch sagt Hassan. Nur etwas süßer. Sehr beliebt ist Kamel als Bestandteil des arabischen Ratatouille mit Tomaten, Kichererbsen, Knoblauch und Koriander. Oder es wird einige Stunden in Olivenöl mit Salbei, Rosmarin und Thymian mariniert und dann gegrillt. Dazu wird eine scharfe Shatta-Sauce

aus Chili und Salz gereicht. Im Sudan werden Kamele insbesondere für den Verzehr in den arabischen Emiraten gezüchtet. Für den heimischen Markt eher selten. Eine Festtagsspeise eben.

Was trinkt man im Sudan zum Kamelbraten? Wasser oder Tee. Denn in dem islamischen Land ist sowohl der Besitz als auch der Genuss von Alkohol strafbar. Dafür ist das Angebot an Tee umso größer. Verschiedene Schwarztees, vor allem aber Karkadeh, ein Malventee mit charakteristischer roter Farbe, der speziell auch zu Hochzeitsfeiern ausgeschenkt wird und im Sudan eine kulturelle Bedeutung bekommen hat. Darfur, die Heimat von Hassan, ist eines der wichtigsten Anbaugebiete für die Hibiskus-Pflanze, die für den Tee getrocknet wird. In manchen sudanesischen Teestuben stehen Gläser mit eingeweichten großen Blüten, die den besseren Tee ergeben sollen. Heiß wird er mit Zucker getrunken und schmeckt fruchtig säuerlich, kalt wie Kirschsaft. Und natürlich trinkt man auch Kaffee, allerdings eher die türkische, also frisch aufgebrühte, dickflüssige und starke Variante, die oft mit Kardamom oder Ingwer verfeinert wird.

Karkadeh wird auch für Eis und ein süßes, rotes Gelee verwendet, das zusätzlich Bananen und Guaven enthält. Ansonsten sind es vor allem Wassermelonen, die ein festliches Mal beschließen. Für Hassan sind diese Gerichte Erinnerungen an seine Heimat. Wenn er sie mit uns zusammen oder für die Mitarbeiter der Flughafenkantine kocht, werden sie auch in Deutschland lebendig. Und wir erkennen, dass es den zurückhaltenden Mann stolz macht, auf diese Weise von seinem Land erzählen zu können.

LADYFINGER AUS OSTAFRIKA

In Ostafrika isst man sie in Eintöpfen, in Thailand im Kokosmilch-Curry, in den USA gegrillt und in Japan zusammen mit dem traditionellen Nattō aus fermentierten Sojabohnen. Wie kommt es, dass wir in Europa die Okra erst langsam in unseren Speiseplan einbeziehen? Dabei gehört die lange, schmale Schote, auch »Ladyfinger« genannt, zu den ältesten Kulturpflanzen überhaupt. Bereits vor 3000 Jahren bauten die Ägypter sie an den Ufern des Nil an. Heute wird sie auch in Indien, ganz Amerika, Thailand, der Karibik und vielen Mittelmeerländern gezüchtet. Ihren Ursprung hat das Gemüse aus der Familie der Malvengewächse aber im Hochland von Äthiopien und im Süd-Sudan. Die Schoten sind unterschiedlich groß, bis etwa 15 Zentimeter lang. Die gesamte Schote ist essbar – und extrem gesund: Sie enthält kaum Fett, viele Ballaststoffe, viel Vitamin C, B, Kalzium und Eisen. Achten Sie beim Einkaufen auf eine unbeschädigte, schöne grüne fünfeckige Schote ohne braune Stellen. Die kleineren Schoten bis zu 10 Zentimeter sind zarter. Nach maximal drei Tagen im Kühlschrank sollten sie verbraucht werden. Um die Schoten ganz oder in Scheiben geschnitten im Salat zu verarbeiten, werden sie nur kurz unter fließendem Wasser abgespült, dabei reiben Sie den feinen Flaum von der Schale. Dann Stielansatz und Spitze kappen, fertig. Oder Sie blanchieren die Okra-Schote einfach in kochendem Wasser mit einem Schuss Essig oder Zitronensaft.

Die Säure sorgt dann dafür, dass sich kein Schleim bildet. Dieser Schleim wirkt wie Speisestärke, was nicht immer gewünscht ist, aber auch gezielt eingesetzt werden kann, um zum Beispiel einen Eintopf zu binden.

Okra-Schoten passen gut zu anderen Gemüsesorten, eignen sich wunderbar als Zutat für Suppen, Saucen, Schmorgerichte, schmecken in Currys oder als Beilage zu Fisch und Fleisch. Kräftige Würze mit Pfeffer, Chili, Koriander und Knoblauch vertragen sie sehr gut. Sie schmecken säuerlich-pikant, aber trotzdem mild. Es gibt also keinen Grund, in der europäischen Küche auf die grünen Wunderschoten zu verzichten.

LAMM-PILAU MIT FUFU UND KESRA

LAMMEINTOPF MIT MAISBREI UND FLADENBROT
FÜR 6 PERSONEN

ZUTATEN

Für den Lamm-Pilau

5–6 Zwiebeln
2–3 Knoblauchzehen
1 kg Lammfleisch
Öl
1 Tube Tomatenmark
Salz, Pfeffer
300 g Okraschoten
Essig
1 rote Paprikaschote
1 gelbe Paprikaschote
1 Bund Petersilie
1 Bund Koriander

Für den Fufu

3 Tassen Maismehl
1 Tasse Weizenmehl
3 EL Maisöl
Salz, Pfeffer

Für das Kesra

5 Tassen feiner Hartweizengrieß
½ Tasse Olivenöl
eventuell Schwarzkümmelöl
Salz
2 TL Trockenhefe
Öl zum Ausbacken

ZUBEREITUNG

1. Für den Lammeintopf Zwiebeln und Knoblauch schälen und klein schneiden. Das Fleisch würfeln. In einer Pfanne das Öl erhitzen, darin Zwiebeln und Knoblauch gemeinsam mit dem Tomatenmark anbraten. Das Fleisch dazugeben und kurz mitbraten. Salzen, pfeffern, mit zwei Tassen Wasser ablöschen und 30 Minuten bei geringer Hitze köcheln lassen.

2. Die Okraschoten waschen und Stielansätze abschneiden. Schoten in leicht gesalzenem Wasser mit einem Schuss Essig 5 Minuten garen, abtropfen lassen und je nach Größe in drei bis vier Stücke schneiden. Die Paprikaschoten waschen, putzen und würfeln. Okra und Paprika zum Fleisch geben. Etwa 1 Stunde auf mittlerer Temperatur köcheln lassen. Die Kräuter waschen, trockentupfen und hacken. Den Eintopf abschmecken und die Kräuter unterrühren.

3. Für den Fufu die Mehle mit Maisöl, Salz und Pfeffer in einen Topf geben und mit etwas kaltem Wasser verrühren. Den Topf auf den Herd stellen und erhitzen. Bei mittlerer Hitze unter ständigem kräftigen Rühren kochendes Wasser hinzugeben, so lange, bis der Brei eine weiche, aber ziemlich steife Konsistenz hat.

4. Für das Kesra-Brot Grieß, Olivenöl, evtl. etwas Schwarzkümmelöl, Salz und Trockenhefe in einer Schüssel miteinander vermischen. Unter Rühren nach und nach 2 Tassen Wasser dazugeben. Die Teigmasse einige Minuten kneten, bis ein glatter Teig entsteht. Den Teig etwa 10 Minuten an einem warmen Ort stehen lassen.

5. Aus dem Teig vier gleich große Kugeln formen und diese zu Fladen ausrollen. Öl in einer Pfanne erhitzen, darin die Fladen nacheinander ausbacken, bis sie goldgelb sind. Nach dem Auskühlen in Stücke schneiden und aufrollen.

6. Lammeintopf abschmecken, mit Fufu und Kesra-Brot servieren.

FUL

KLASSISCHER SUDANESISCHER BOHNENEINTOPF
FÜR 4 PERSONEN

ZUTATEN

500 g Augenbohnen

Salz

2 Zwiebeln

2 Knoblauchzehen

4 Tomaten

1 Zitrone

1 Bund Koriander

1 Bund Petersilie

1 Bund Dill

1–2 EL Olivenöl

4 Eier

250 g Weichkäse aus Kuhmilch
    oder Schafskäse

Pfeffer

Koriander, gemahlen

ZUBEREITUNG

1. Die Augenbohnen über Nacht in kaltem Wasser einweichen. Abgießen, in gesalzenem Wasser aufkochen (Bohnen knapp mit Wasser bedeckt) und bei mittlerer Temperatur etwa 30 Minuten köcheln lassen.

2. Zwiebeln und Knoblauch abziehen und hacken. Tomaten waschen, putzen und klein schneiden. Zitrone auspressen, die Kräuter abbrausen, trockentupfen und hacken. In einer Pfanne Olivenöl erhitzen, darin zuerst Zwiebeln, Knoblauch und Tomaten anbraten, dann Zitrone und Kräuter untermischen. Die Masse zu den Bohnen geben und etwa 10 Minuten köcheln lassen.

3. Eier hart kochen, abkühlen lassen, pellen und in kleine Würfel schneiden. Den Käse in Würfel schneiden. Beides in den Eintopf geben, mit Salz, Pfeffer und gemahlenem Koriander abschmecken.

Dazu wird gerne Kesra-Brot gegessen.

Im Pilau aus dem Sudan werden alle Teile des Lammrückens zusammen geschmort. Tony Hohlfeld gibt jeder Komponente einen eigenen Auftritt – dem Fett in einer Lamm-Mayonnaise, die Sehnen backt er zu aromatischen Sticks aus, der Fond wird zum Gewürzsud, das edle Fleisch sous vide gegart. Lammtaler aus Mürbeteig sind Brot-Ersatz.

LAMM / BOHNE / PAPRIKA

FÜR 4 PERSONEN

LAMMRÜCKEN

ZUTATEN

600–800 g Lammrücken
braune Butter (siehe Seite 80)

ZUBEREITUNG

1. Den Lammrücken vom Knochen lösen und von allen überflüssigen Sehnen befreien. Knochen und Sehnen aufbewahren. Das Fett an der Oberseite des Fleischstücks rautenförmig einschneiden.
2. Den Lammrücken in einem Vakuumbeutel mit etwas Öl vakuumieren (siehe Seite 61) und bei 58 °C für 35 Minuten Sous vide garen.
3. Danach in einer Pfanne auf der Hautseite knusprig braten und mit brauner Butter übergießen.

GEBACKENE LAMMSEHNE

ZUTATEN

Lammsehnen
Öl zum Ausbacken
Salz

ZUBEREITUNG

1. Die Lammsehnen mit einem Messer von überflüssigem Fleisch und Fett befreien, bis nur noch Sehnen da sind. Diese geputzten Sehnen dünn auf Backpapier auslegen und bei 65 °C etwa 48 Stunden im Dörrautomaten oder im Backofen trocknen.
2. Die getrockneten Sehnen in 190 °C heißem Fett wenige Sekunden ausbacken. Anschließend leicht salzen.

Foto: Lammrücken / Gebackene Lammsehne / Confierte Paprika / Lamm-Mayonnaise /
Lamm-Mürbeteig-Taler / Gegrillte Paprika / Bohnengemüse / Lammgewürzsud / Bohnenkrautöl

CONFIERTE PAPRIKA

ZUTATEN
1 rote Paprikaschote
100 ml Olivenöl
Thymian, Rosmarin
Salz, Pfeffer

ZUBEREITUNG
1. Die Paprikaschote waschen, schälen und vom Kerngehäuse befreien. Danach in kleine Würfel schneiden.
2. Paprikawürfel in eine ofenfeste Schale geben, mit Öl und den Gewürzen bedecken. Mit Alufolie abdecken und bei 120 °C 30 Minuten im Ofen garen.

LAMM-MAYONNAISE

ZUTATEN
100 g Lammfett
20 ml Haselnussöl
1 Eigelb
Salz, Pfeffer

ZUBEREITUNG
1. Das Lammfett in einer feuerfesten Form im Ofen bei 100 °C etwa 1 Stunde auslassen und anschließend durch ein Sieb passieren. Das Röstfett im Sieb für den Lamm-Mürbeteig (siehe unten) zur Seite stellen.
2. Das Lammfett leicht abkühlen lassen, es soll flüssig, aber nicht heiß sein. Mit dem Haselnussöl mischen und unter ständigem Rühren langsam zum Eigelb gießen, bis eine Emulsion entstanden ist. Mit Salz und Pfeffer abschmecken.

LAMM-MÜRBETEIG-TALER

ZUTATEN
75 g Roggenmehl
75 g Weizenmehl (Type 405)
30 g Zucker
75 g Röstfett (siehe Lamm-Mayonnaise)
1 Eigelb

ZUBEREITUNG
1. Alle Zutaten zu einem Teig verarbeiten. Eine halbe Stunde kalt stellen.
2. Den Teig ausrollen und mit einem umgedrehten Glas oder einem runden Ausstecher Kreise ausstechen. Diese kurz vor dem Servieren mit dem Bunsenbrenner karamellisieren.

GEGRILLTE PAPRIKA

ZUTATEN
1 gelbe Paprikaschote
1 EL Öl
Salz, Pfeffer

ZUBEREITUNG
1. Die Paprikaschote waschen, schälen, putzen und in Würfel schneiden oder mit einem Ausstecher kleine Kreise ausstechen.
2. Die Kreise in einer heißen Grillpfanne mit Öl scharf anbraten, salzen und pfeffern.

BOHNENGEMÜSE

ZUTATEN

50 g Saubohnen
50 g Schnibbelbohnen
50 g Keniabohnen
Salz
30 g braune Butter
  (siehe Seite 80)

ZUBEREITUNG

1. Die Bohnen sortenweise in gut gesalzenem kochendem Wasser 5–10 Minuten garen, bis sie weich sind. Anschließend in Eiswasser abschrecken.
2. Zum Anrichten die braune Butter leicht erwärmen und die Bohnen darin schwenken.

LAMMGEWÜRZSUD

ZUTATEN

1 Lammrücken-Knochen (ohne
  Fleisch, Fett und Sehnen)
300 g Zwiebeln
200 g Möhren
200 g Knollensellerie
200 g Staudensellerie
200 g Champignons
400 g reife Tomaten
1 Chilischote
200 ml trockener Rotwein
200 ml Portwein
1 Knolle Knoblauch
Wacholder, Piment, Lorbeer
Salz, Pfeffer
1 TL Butter

ZUBEREITUNG

1. Den Lammrücken-Knochen mit dem Messer klein hacken. Zwiebeln, Möhren, Knollensellerie, Staudensellerie und Champignons putzen und auf Backbleche verteilen. Alles zusammen bei 180 °C etwa 45 Minuten im Ofen rösten, bis es eine dunkelbraune Farbe erhält.
2. Tomaten und Chilischote waschen, putzen, klein schneiden, in einen heißen Topf geben und bei geringer Hitze schmoren, bis die meiste Flüssigkeit verdunstet ist.
3. Das geröstete Gemüse und die Knochen zu den Tomaten geben und anschwitzen. Mit Rotwein ablöschen und bei geringer Hitze einkochen lassen, den Portwein zugießen und ebenfalls einkochen lassen.
4. Alles mit Wasser bedecken, die Knoblauchknolle im Ganzen und die Gewürze hinzugeben. Den Sud 36 Stunden bei ca. 90 °C auf dem Herd reduzieren lassen. Wenn der Sud die gewünschte Intensität erreicht hat, durch ein Sieb passieren. Zum Anrichten mit etwas Butter binden.

BOHNENKRAUTÖL

ZUTATEN

50 ml Kürbiskernöl
1 Knoblauchzehe
10 g gezupftes Bohnenkraut

ZUBEREITUNG

1. Kürbiskernöl in einen kleinen Topf geben. Knoblauch und Bohnenkraut dazugeben, alles auf 65 °C erhitzen und 2 Stunden stehen lassen. Danach durch ein Sieb passieren.

MONZER AL KEBABE: »DIESE REZEPTE SIND MEINE HEIMAT«

Syrien – ein ganzes Land in Schutt und Asche. Eine Kultur zerbombt. Heiligtümer unwiederbringlich zerstört. Ein Volk auf der Flucht. Wie weit weg sind da die Bilder belebter Picknick-Parks in Damaskus, Erinnerungen an den umtriebigen Handel mit Gewürzen und Kräutern in den Souqs der syrischen Hauptstadt, die Bilder von ausgelassenen Essen an Tischen, die mit Köstlichkeiten beladen waren. Oder vielleicht sind sie gerade jetzt besonders nah. Vielen Menschen, denen die Flucht gelungen ist, bleibt oft nichts an Heimat, als diese Erinnerungen. Für Monzer Al Kebabe sind es keine Fotoalben, sondern Rezepte, die aus einer anderen Zeit in Syrien künden. Das ist es, was er den täglichen Nachrichten entgegenzusetzen hat. Für sich selbst. Und für neue Freunde in Deutschland, die seine Stadt als die kulturelle und kulinarische Metropole wahrnehmen sollen, die Damaskus viele tausend Jahre war und immer sein wird.

Damaskus – Weltkulturerbe. Eine der ältesten Städte der Menschheitsgeschichte. Wiege der Weltreligionen. In römischer Zeit reichste Provinz des Imperiums. Ziel der Kreuzzüge. Wichtige Handelsmetropole im Osmanischen Reich. Kulturelles und religiösen Zentrum des Nahen Ostens. Neben Mekka, Medina und Jerusalem vierte heilige Stadt des Islam. Hier, wo Kultur und Küche der unterschiedlichsten Völker und Religionen in Jahrtausenden aufeinander trafen, ist die Heimat von Monzer Al Kebabe, seinen drei Schwestern und seinem Bruder. Für ihn ist die syrische Hauptstadt Geburtsort, vor allem aber seine kulinarische Identität. Denn die Küche Syriens gilt als beste des Vorderen Orients. Sie ist tief verwurzelt in einem kulturellen Erbe des Genießens. Die Anerkennung dieser Küche reicht bis zu den höchsten Sternen am gastronomischen Horizont: »Wir können von diesen exotischen Köchen noch einiges lernen. Dem Farbenspiel der Mazza (…) mit all den Vorspeisen, die wie ein Mosaik den Tisch bedeckten, dem haben wir in der europäischen Küche nichts entgegenzusetzen«, sagt selbst Paul Bocuse.

Die Menschen, die in dieser Stadt groß wurden, können gar nicht anders – die allgegenwärtigen Düfte von Gewürzen, die immer und überall angebotenen farbenprächtigen Speisen schaffen eine eigene Ästhetik, die jeder in sich trägt. So auch Monzer, der als Dekorateur arbeitete und durch seine Schwestern die Begeisterung für die syrische Küche entwickelte. Sie brachten ihm bei, zu kochen. Und schon bald standen auch bei ihm Rosenwasser, Granatapfel, Safran, Koriander, Kreuzkümmel und Datteln auf dem Einkaufszettel, wenn er für Freunde oder gemeinsam mit der Familie große Essen zubereitete.

Zum Bild der genießenden Stadt fügen sich viele Perspektiven. Der Al-Hamidiyah Souq in der alten Stadtmauer. Hier in unmittelbarer Nähe zur Zitadelle werden seit dem 12. Jahrhundert auf 422 Metern und an unzähligen Ständen Obst, Gemüse, Nüsse, Kräuter und vor allem Gewürze verkauft. Die Säcke mit kunstvoll aufgehäuftem Kreuzkümmel, Kardamom, Paprika, Zimt, den verschiedenen arabischen Gewürzmischungen – sie sind Leuchttürme für den kulinarischen Entdecker. Seit 1885 bietet hier Bakdash seine berühmten Eisspezialitäten bestreut mit Pistazien an. Die ersten Eisdielen in Deutschland gab es zum Vergleich erst um 1920. Fein gewebte Leinenstoffe, die aus China über Indien nach Syrien gelangten, waren im 12. Jahrhundert in Damaskus so beliebt, dass sie Damast genannt wurden und seither jeden gut gedeckten Tisch bekleiden. Die Stadt gab sogar der Zwetschge (aus dem ital. damascino) den Namen. Heute gibt es hier das größte Restaurant der Welt, das Bawabet Dimashq, das »Tor nach Damaskus«, das mit 6014 Plätzen und bis zu 100 Köchen Gastronomie in ganz anderer Dimension bietet. All das schwingt unausgesprochen mit, wenn Monzer aus seiner Stadt erzählt.

Mezze – weit mehr als Vorspeisen

Wie ist es nun, in einem der Restaurants der Stadt zu essen? Es beginnt mit einer Vielzahl von Vorspeisen, die sich in kleinen Schälchen auf den Tisch zu jenen Geschmacks-Gemälden formieren, von denen schon Paul Bocuse begeistert war. Hummus (pürierte Kichererbsen), Taboulé (Salat aus Minze, Petersilie und Tomate), Kibbe (fritierte Hackfleischbällchen), Falafel (frittierte Bällchen aus Kirchererbsen), Fatoush (Salat mit Croutons vom Pitabrot), eingelegtes Gemüse in Joghurtsauce und, und, und. Schluss ist erst, wenn der Tisch überzuquellen scheint. Dieses wunderbare Bild des Überflusses, das Durcheinander der probierenden Hände, die mal die eine, dann die andere Speise mit arabischem Brot aufnehmen und zum Mund führen, das Stimmengewirr der Gäste, die sich zum Geschmack der verschiedenen Gerichte austauschen – das ist Mezze. Weit mehr als Vorspeisen oder ein Gericht. Eher schon pure Freude am gemeinsamen Genuss und gelebte Gastfreundschaft.

Ein wenig dieser Stimmung zaubert der ansonsten eher bescheidene, ruhige Monzer auch in die Dankes-Party für 50 freiwillige Helfer eines Flüchtlingsprojektes, für die er kochte. Oder in die Kantine der Schlüterschen Verlagsgesellschaft in Hannover, wo er eine andere der pikanten Mezze-Vorspeisen zubereitet: Baba Ganoush, eine Paste aus gebrannter Aubergine und Sesam mit Knoblauch und Granatapfelkernen. In der Heimat konnte Monzer aus über 20 Auberginensorten wählen. Hier sticht er in das dunkelviolette Gemüse mit dem Messer ein, damit es im Ofen gut durchgart, und legt es danach noch kurz auf die offene Flamme. Das macht den charakteristischen Geschmack. Diese Gerichte erscheinen auf den ersten Blick eher einfach, wer sie aber kostet, merkt die Raffinesse im Spiel von Süße und Säure, den gekonnten Einsatz der verschiedenen Gewürze. Häufig dabei ist Tahina, eine Paste aus fein gemahlenen Sesamkörnern, die auch allein mit Knoblauch und Zitronensaft angemacht einen pikanten Dip ergibt. Monzer bevorzugt Tahina aus ungeschältem Sesam, die etwas dunkler und bitterer ist, dafür aber mehr Vitamine und Nährstoffe enthält. Die Paste ist ohnehin sehr gesund und hierzulande mittlerweile bei vielen Veganern beliebt.

»Ich genieße es, zu kochen und damit anderen eine Freude zu bereiten«, sagt Monzer. Und in der Tat wohnt den Speisen aus der anderen Welt eine gewisse Magie inne. »Unglaublich lecker. Und ich habe mich sogar darüber mit meinem Nachbarn unterhalten«, freut sich ein Kantinengast. Überhaupt scheint Essen in Syrien weit mehr Gemeinschaftserlebnis und Kommunikationsmittelpunkt zu sein. Unser Kantinengast schiebt mit einer entschlossenen Geste sein Tablett zu Seite, mit dem bisher sein Gebiet auf dem Tisch markiert war. Wer weiß, vielleicht lädt er in wenigen Tagen seine Nachbarn zum gemeinsamen Kochen ein. Die ausgelegten Rezepte zu Monzers Gerichten steckt er gerade in die Tasche.

Bei der Gegeneinladung der deutschen Flüchtlingshelfer für Monzer gab es übrigens Rindsroulade mit Kartoffeln und viel Sauce. Keine komplett neue kulinarische Erfahrung für ihn, denn auch in Syrien gibt es kleine Kalbsrouladen und Schmorgerichte mit Rind und Lamm. Ansonsten kommt das Fleisch im

Hauptgang oft vom Grill. Kebabs aus Lammfleisch zum Beispiel, die entweder als Würfel auf dem Spieß gegrillt werden oder als Hackfleisch den ganzen Spieß ummanteln. Auch hier liegt das Geheimnis im Gewürz. Gegrillt wurde auch bei großen Picknicks, die seine Familie in einem der zahlreichen Parks in Damaskus veranstaltete. Oft mit Freunden, von denen er heute bestenfalls noch per Telefon hört. Seine Frau und seine zwei Söhne sind nach einem Jahr der Trennung endlich in Deutschland angekommen.

Opulente Essen gehören in Syrien auch zu den traditionellen islamischen Festen. Id al-Fitr, das Fest des Fastenbrechens nach Ramadan gehört dazu. Das Opferfest Eid al Adha ist der Höhepunkt der alljährlichen Wallfahrt nach Mekka und wird überall in Syrien zum Teil ausgelassen gefeiert. Dabei wird von Familien, die es sich leisten können, ein Schaf oder Lamm geschlachtet. Das Fleisch wird mit Bedürftigen geteilt und auch an Verwandte und Freunde gereicht, denen man zu diesem Anlass die besten Wünsche versichert und Geschenke macht. Man besucht sich gegenseitig, isst zusammen. Auch in Deutschland feiern die Muslime Eid al Adha, das aufgrund des islamischen Mondkalenders zu verschiedenen Jahreszeiten stattfinden kann.

Kein syrisches Essen wäre vollständig ohne die zahlreichen Süßgebäcke aus Honig, Nüssen und Rosinen, Rosenwasser, Kokosflocken, Pistazien, Aprikosen und Datteln. Allein der Klang dieser Zutaten lässt im Kopf wunderbare Bilder entstehen. Diese Süßspeisen stehen für die syrische Küche selbst – sinnlich, lebensfroh, farbenfreudig. Monzer gibt uns einen Eindruck davon und bereitet einen syrischen Milchreis zu, bei dem er eine Prise Kardamom und einen Schuss Orangenblütenwasser hinzugibt. In Syrien würde man dazu Mish Mish essen, Aprikosenkompott. Die Gäste in der Kantine schmecken aber auch so die Sehnsucht nach seiner syrischen Heimat heraus.

Arak – ein Destillat aus Wein und Anis

Zum Essen gibt es Fruchtsäfte und Wasser. Nach dem Essen einen starken Mokka. Und Arak, das syrische Nationalgetränk, wenn Alkoholgenuss religiös zulässig ist. Das Destillat aus Wein und Anis wird mit Wasser aufgegossen – zumeist im Verhältnis 1:1, was in heißen Sommermonaten erfrischend, aber auch nicht ohne Folgen sein kann.

Südlich von Damaskus liegt die Ghouta-Oase, einst ein Grund für die Ansiedlung der Stadt. Am Wochenende kommen die Damaszener hierher, um dem Lärm, der Enge, dem Verkehr der Stadt zu entkommen. Einst bestand die Oase aus Wiesen, Obstplantagen und Olivenhainen. Dann wurde sie ein Freizeitpark. An dessen Eingang steht eine Replik des Triumphtores von Palmyra, der Wüstenmetropole rund 260 Kilometer nördlich von Damaskus, die während des 2. Jahrhunderts die Handelsrouten von Europa nach Indien und China beherrschte. Die Schrecken des Krieges haben hier überall ihre Spuren hinterlassen. Zusammen mit Monzer hoffen wir, dass Mark Twains berühmte Sätze Gültigkeit behalten: »Damaskus misst die Zeit nicht nach Tagen, Monaten und Jahren, sondern nach den Reichen, die es hat erstehen, blühen und verfallen sehen. Es ist ein Urbild der Unsterblichkeit.«

GRANATAPFEL – FRUCHT DER GÖTTER

Die Geschichte des Granatapfels reicht mehr als 5 000 Jahre zurück. Sogar in der Bibel ist die blutrote Frucht erwähnt. Sie soll nämlich genau 613 Kerne haben, so viele, wie es Gesetze im Alten Testament gibt. Egal ob griechische Mythologie oder christliches Mittelalter, der Granatapfel ist dabei – mal als Speise der Götter, mal als Herrschaftszeichen in Wappen und Gemälden. Der Granatapfelbaum steht für Liebe, Fruchtbarkeit und Schönheit. Bei so viel Symbolik lohnt es sich allemal, diese Frucht genauer zu betrachten. Angebaut wird der Granatapfelbaum heute maßgeblich im Nahen Osten, weil er subtropisches Klima braucht. Er wird bis zu 8 Meter hoch und über 100 Jahre alt. Noch ein Grund für Ehrfurcht. Saison ist vom September bis Dezember. Kaufen sollte man tiefrote Früchte, die auf Druck leicht nachgeben. Dann sind sie reif und halten sich im Kühlschrank über mehrere Wochen. Der Geschmack ist herbsüß, unreife Kerne schmecken nur säuerlich. In jedem Fall ist der Granatapfel aber sehr gesund, denn er enthält mehr Antioxidantien als zum Beispiel Rotwein. Gegen Orangensaft kommt er in Sachen Vitamin C nicht an, aber es geht ja auch in erster Linie um den Geschmack. Die Kerne passen perfekt in die Küche Syriens und zu den Rezepten von Monzer, aber auch in europäische Salate, Desserts und zum

Beispiel zu Wildgerichten. Reife Früchte lassen sich mit der Zitruspresse entsaften und ergeben einen intensiven Drink.

Bleibt die Frage, wie man die Frucht richtig entkernt, denn der Saft, der auch zum Färben von Orientteppichen dient, ist aus Stoffen nicht leicht wieder zu entfernen. Es empfiehlt sich, den Granatapfel zunächst auf der Arbeitsfläche wie eine Zitrone zu rollen, ihn dann mit einem Messer zu halbieren und die Kerne zum Beispiel mit einem Holzlöffel aus der ledernen Schale zu klopfen. Die weiße Haut um die Kerne sollte man nicht probieren. Das haben auch die Götter nicht.

BABA GANOUSH

AUBERGINENCREME
FÜR 4 PERSONEN

ZUTATEN

4 Auberginen
3 Tomaten
1 Zwiebel
1 Granatapfel
1 Bund Petersilie
3 EL Granatapfelsirup
Salz

ZUBEREITUNG

1. Die Auberginen mit klarem Wasser abwaschen und mit einer Messerspitze mehrmals einstechen. Auf ein Blech geben und bei 200 °C Ober- und Unterhitze etwa 20 Minuten im Ofen garen, bis sie weich sind. Mehrmals wenden.

2. Tomaten waschen, putzen und würfeln. Zwiebel abziehen und fein würfeln. Beides zusammen in eine Schüssel geben. Den Granatapfel vierteln und mit einem Löffel oder der Messerrückseite auf die Schale klopfen, um die Kerne herauszubrechen. Die Petersilie waschen und fein hacken.

3. Die Auberginen aus dem Ofen nehmen, kurz in eine Schüssel mit kaltem Wasser legen, dann die Haut abziehen. Das Fruchtfleisch zu den Tomaten und Zwiebeln geben und zusammen mit dem Granatapfelsirup zu einer cremigen Masse verrühren. 3 EL Granatapfelkerne und die Petersilie unterrühren. Mit Salz würzen und servieren.

Statt die Haut der Auberginen abzuziehen, können Sie die gegarten Früchte auch halbieren und das Fruchtfleisch mit einem Löffel aus der Schale kratzen.

CHUBZ

ARABISCHES FLADENBROT
FÜR 4 PERSONEN

ZUTATEN

600 g Mehl
1 EL Salz
1 Würfel frische Hefe
1 EL Zucker
4 EL Olivenöl

*Das Fladenbrot ist eine Beilage
zu vielen arabischen Gerichten,
unter anderem ist es ein fester
Bestandteil von Fatoush (siehe
unten).*

ZUBEREITUNG

1. Mehl und Salz in eine Schüssel geben. In einer separaten Schale zerbröckelte Hefe mit Zucker und 200 ml lauwarmem Wasser vermengen und 10 Minuten quellen lassen.
2. Die Hefemischung zum Mehl geben, 3 EL Olivenöl hinzufügen und alles gut vermengen. Den Teig 5–10 Minuten mit den Händen durchkneten, evtl. etwas warmes Wasser dazugeben. Teig zu einer Kugel formen, mit dem restlichen Olivenöl (1 EL) bestreichen, mit Folie und einem Tuch bedecken. 1 Stunde an einem warmen Ort gehen lassen.
3. Den Teig erneut gut durchkneten und in acht gleich große Stücke teilen. Jedes Stück nochmals kurz kneten und mehrere kleinen Kugeln daraus formen. Diese abgedeckt noch mal 30 Minuten ruhen lassen.
4. Die Teigkugeln auf einer bemehlten Unterlage ausrollen und ohne Fett in eine heiße Pfanne geben. Bei höchster Stufe ca. 5 Minuten braten, bis die Oberfläche leicht braun ist.

FATOUSH

ARABISCHER SALAT MIT GERÖSTETEM BROT
FÜR 4 PERSONEN

ZUTATEN

3 Tomaten
1 Gurke
1 Eisbergsalat
ein paar Stängel frische Petersilie
2–3 Blätter Minze
2 Knoblauchzehen
100 g schwarze Oliven
4 EL Essig, 3 EL Olivenöl
Saft von ½ Zitrone
½ TL Salz
2–3 Fladenbrote (Chubz, oben)
3 EL Sonnenblumenöl

ZUBEREITUNG

1. Tomaten, Gurke und Salat waschen und putzen. Tomaten und Gurke in Würfel, Salat in Streifen schneiden. Alles in eine Schale geben.
2. Petersilie und Minze waschen und fein hacken. Knoblauchzehen entweder ganz fein schneiden oder durch die Knoblauchpresse drücken. Mit den Oliven zu dem Salat geben und alles vermengen.
3. Essig, Olivenöl, Zitronensaft und Salz zu einem Dressing rühren.
4. Die Fladenbrote in kleine Stücke schneiden. In einer Pfanne das Sonnenblumenöl erhitzen und darin das Brot knusprig anbraten.
5. Das geröstete Brot zum Salat geben, das Dressing unterheben und den Salat servieren.

MAMOUNIEH

SYRISCHER GRIESSPUDDING MIT MOZZARELLA
FÜR 4 PERSONEN

ZUTATEN

200 g Grieß
4 EL Ghee (oder Butter)
200 g Zucker
1 Prise Kardamom
1 EL Orangenblütenwasser
200 g Mozzarella
50 g Walnüsse
1 Prise Zimt

ZUBEREITUNG

1. Grieß und Ghee unter Rühren in einem Topf erhitzen, bis das Ghee geschmolzen ist und sich mit dem Grieß vermengt. Etwa 5 Minuten köcheln lassen.

2. 600 ml Wasser, Zucker, Kardamom und Orangenblütenwasser in einen weiteren Topf geben und zum Kochen bringen. Köcheln, bis sich der Zucker aufgelöst hat und die Flüssigkeit klar ist.

3. Zwei Drittel des Zuckerwassers unter den Grieß rühren, die Masse in eine Form geben. Mozzarella abtropfen lassen, in dünne Scheiben schneiden und diese auf dem Grieß verteilen. Den Rest des Zuckerwassers darüber geben und abschließend mit Walnüssen und Zimt bestreuen.

Das Gericht schmeckt gut mit arabischem Fladenbrot (Chubz, siehe Seite 105) und kann sowohl heiß als auch kalt gegessen werden.
Tipp: Essen Sie zuerst den Mozzarella mit dem Fladenbrot und anschließend den Grieß.

NAMURA

GRIESSKUCHEN MIT ZUCKERSIRUP
FÜR 4 PERSONEN

ZUTATEN

400 g Grieß
100 g Mehl
½ TL Backpulver
100 g Puderzucker
500 g Joghurt
100 ml Sonnenblumenöl
150 g Kokosraspel
150 g Mandeln
100 g Tahina (Sesampaste)
50 g Walnüsse
1 TL Zimt
100 g Ghee (oder Butter)
400 g Zucker
¼ TL Zitronensäure (Pulver)
1 EL Orangenblütenwasser

ZUBEREITUNG

1. Grieß, Mehl, Backpulver und Puderzucker in einer Schüssel mischen. Joghurt, Sonnenblumenöl und 100 ml Wasser dazugeben und alles gut vermengen. Kokosraspel unterrühren und das Ganze etwa 30 Minuten ruhen lassen.

2. Inzwischen die Mandeln mit heißem Wasser übergießen und die Schalen ablösen. Eine Auflaufform (38 x 24 cm) gründlich mit Tahina ausstreichen. Den Ofen auf 200 °C Ober-/Unterhitze vorheizen.

3. Die Grießmasse mit 100 ml Wasser verrühren und in die Auflaufform streichen. Mandeln und Walnüsse darauf verteilen, mit Zimt bestäuben. In den Ofen schieben und 15 Minuten backen.

4. Ghee in kleinen Flöckchen auf der Oberfläche verteilen und den Kuchen weitere 15 Minuten backen.

5. Für den Sirup Zucker mit 200 ml Wasser in einen Topf geben. Unter Rühren erhitzen, bis sich der Zucker aufgelöst hat. Zitronensäure dazugeben und erneut aufkochen lassen. Zum Schluss das Orangenblütenwasser unterrühren. Den Sirup über den fertigen Kuchen geben.

Baba Ganoush, die gebrannte Auberginen-Creme aus Syrien,
zerlegt Tony Hohlfeld in ihre Komponenten: eine eingelegte
Aubergine, kandierte Petersilie, Wallnussstaub. Seine Cremigkeit
bekommt das Gericht über eine raffinierte gefrorene Joghurtluft.
Der Granatapfel fehlt aber natürlich auch bei ihm nicht.

AUBERGINE / JOGHURT / PETERSILIE
FÜR 4 PERSONEN

GEGRILLTE AUBERGINE

ZUTATEN FÜR 4 PERSONEN
400 ml Apfelsaft
Salz, Pfeffer
Wacholder, Lorbeer, Piment
1 Aubergine

ZUBEREITUNG
1. Den Apfelsaft mit den Gewürzen in einen Topf geben. Erhitzen und bei etwa 100 °C auf 100 ml reduzieren.
2. Die Aubergine vierteln und das Kerngehäuse entfernen. Die Aubergine mit der Apfelreduktion vakuumieren (siehe Seite 61) und zwei Nächte ziehen lassen. Danach die Aubergine abtropfen lassen und vor dem Servieren kurz angrillen.

GEFRORENE JOGHURTLUFT

ZUTATEN
200 g Joghurt
50 g weiße Kuvertüre
100 g braune Butter
   (siehe Seite 80)
2 Blatt Gelatine

ZUBEREITUNG
1. Den Joghurt mit der zerkleinerten Kuvertüre und Butter im Wasserbad auf 36 °C temperieren und die Gelatine darin auflösen. Auf Raumtemperatur abkühlen lassen.
2. Die Joghurtmasse in einen Sahnesiphon füllen und mit zwei CO_2-Kapseln begasen. Die begaste Masse in ein verschließbares Glas (Einmachglas mit Gummi, Volumen 1–1,5 l) geben, es soll etwa zu einem Drittel gefüllt sein.
3. Das Glas in den Vakuumierer geben und bei Raumtemperatur die Masse aufblähen lassen. Durch den Unterdruck, der im Glas entsteht, dehnt sich die Masse aus. Das Glas mit der »Luftschokolade« einfrieren, dadurch bleibt sie in Form.

Foto: Gegrillte Aubergine / Gefrorene Joghurtluft /
Kandierte Petersilie / Gebrannter Walnussstaub / Petersiliensud / Granatapfelkerne und Walnüsse

KANDIERTE PETERSILIE

ZUTATEN

100 g Zucker
20 Petersilienblätter

ZUBEREITUNG

1. Zucker zusammen mit 100 ml Wasser kurz aufkochen, dann kalt werden lassen.
2. In den entstandenen Läuterzucker die Petersilienblätter geben und 3 Stunden bei Raumtemperatur stehen lassen. Danach die Blätter herausnehmen, abtropfen lassen und auf einer Silikonbackmatte (oder Backpapier) im Backofen bei 56 °C ca. 7 Stunden trocknen.

GEBRANNTER WALNUSSSTAUB

ZUTATEN

100 g Walnüsse
3 g Kohlepulver (in der Apotheke erhältlich)

ZUBEREITUNG

1. Die Walnüsse im Ofen bei 180 °C etwa 15 Minuten dunkelbraun rösten und mit dem Kohlepulver fein mixen. Anschließend durch ein sehr feines Sieb pudern.

PETERSILIENSUD

ZUTATEN

30 g Zwiebeln
30 g Sellerie
50 g Butter
200 ml Geflügelfond
50 g Petersilie
Salz, Pfeffer

ZUBEREITUNG

1. Zwiebel und Sellerie putzen und fein würfeln. In einem Topf Butter erhitzen, darin die Zwiebel- und Selleriewürfel glasig anschwitzen. Mit dem Geflügelfond aufgießen und aufkochen lassen.
2. Den Fond auf Raumtemperatur abkühlen lassen, die Petersilie zugeben und mit dem Pürierstab mixen. Durch ein Sieb passieren und mit Salz und Pfeffer abschmecken

GRANATAPFELKERNE UND WALNÜSSE

ZUTATEN

1 Granatapfel
5 Walnüsse

ZUBEREITUNG

1. Den Granatapfel halbieren und mit einem Löffel die Kerne rausschlagen.
2. Die Walnüsse fein hobeln.

Mamounieh, der Grießpudding aus Syrien, inspiriert Tony Hohlfeld zu einem kühlenden Dessert: Mozzarella-Eis, getrocknete Orangenfilets, Orangenbaiser und eine karamellisierte Grieß-schnitte – einzeln oder auch als gesamtes Gericht ein wunderbarer Menüabschluss.

MOZZARELLA / ORANGE / GRIEß

FÜR 4 PERSONEN

KARAMELLISIERTES MOZZARELLA-EIS

ZUTATEN

600 ml Mozzarellamolke
200 g Mozzarella
50 g Zucker
50 g Frischkäse
3 Eigelbe

ZUBEREITUNG

1. Die Mozzarellamolke bei 90 °C (kurz vor dem Siedepunkt) auf dem Herd unter ständigem Rühren auf die Hälfte reduzieren.
2. Den frischen Mozzarella klein schneiden und zusammen mit Zucker und Frischkäse zur reduzierten Mozzarellamolke geben, mit dem Handrührgerät alles mixen, bis die Masse emulgiert. Die emulgierte Mozzarellamasse in den Thermomix geben, Eigelbe hinzufügen und alles bei 80 °C mixen. Alternativ die Masse auf dem Herd bei sanfter Hitze mit dem Pürierstab mixen.
3. Die Masse einfrieren und mit einem Pacojet pacossieren. Alternativ die Masse in die Eismaschine geben.

In den 1980er-Jahren erfand ein Schweizer Ingenieur einen neuen, revolutionären Verarbeitungsprozess für tiefgefrorene Lebensmittel, der heute weltweit als »Pacossieren« bekannt ist. Das Präzisionsmesser des Pacojet dreht sich mit 2 000 U/min und kann extrem feine Lagen des Gefrierguts abfräsen, ohne dieses vorher aufzutauen, was zu einer ultrafeinen Konsistenz führt.

Foto: Karamellisiertes Mozzarella-Eis / Kandierte Orangenschale / Gedörrte Orangensegmente / Karamellisierte Grießschnitte / Brauner-Butter-Sand / Orangenbaiser / Schwarzes Molketoffee / Braune Buttercreme

KANDIERTE ORANGENSCHALE

ZUTATEN

4 unbehandelte Orangen
50 g Zucker

ZUBEREITUNG

1. Mit einem Sparschäler die Orangenschale möglichst in einem Stück dünn abschälen. Danach die Orange mit einem Messer von der restlichen Schale befreien und die Fruchtsegmente auslösen, die für das Dörren (siehe unten) benötigt werden.
2. Aus dem restlichen Orangenfleisch den Saft auspressen und mit dem Zucker und der abgeschälten Schale in einen Topf geben. Auf dem Herd bei geringer Temperatur einkochen, bis ein Sirup entsteht.
3. Die Schale herausnehmen, auf einer Silikonmatte oder auf Backpapier verteilen und im Backofen bei 56 °C 24 Stunden trocknen. Den Sirup für das Orangenbaiser (siehe S. 117) zur Seite stellen.
4. Die getrocknete Orangenschale in feine Streifen schneiden.

GEDÖRRTE ORANGENSEGMENTE

ZUTATEN

Orangensegmente von
   4 Orangen (siehe oben)
1 TL Puderzucker

ZUBEREITUNG

1. Die Segmente auf eine Silikonmatte oder auf Backpapier legen und leicht mit Puderzucker bestäuben. Bei 56 °C 24 Stunden lang im Backofen dörren.

KARAMELLISIERTE GRIEßSCHNITTE

ZUTATEN

750 ml Milch
40 g Zucker
200 g Weichweizengrieß
40 g Butter
1 Ei
10 g brauner Zucker

ZUBEREITUNG

1. Die Milch mit dem Zucker aufkochen und den Grieß einrühren. Von der Herdplatte nehmen und unter ständigem Rühren quellen lassen. Wenn der Grieß auf ca. 60 °C abgekühlt ist, die Butter und das Ei einarbeiten.
2. Die Grießmasse in eine gefettete Plastikdose oder einen Metallbehälter geben und glatt streichen, so dass die Masse etwa 1 Zentimeter Höhe hat. Abdecken und 10 Stunden lang auskühlen lassen.
3. Den Grieß in lange Streifen schneiden und mit braunem Zucker bestreuen, danach mit einem Gasbrenner goldbraun karamellisieren.
4. Alles anrichten und mit Basilikumkresse und Apfelblüten dekorieren.

BRAUNER-BUTTER-SAND

ZUTATEN

25 g Puderzucker

20 g Maltodextrin (Kohlenhy-
dratgemisch, in der Apotheke
erhältlich)

50 ml braune Butter
(siehe Seite 80)

ZUBEREITUNG

1. Puderzucker und Maltodextrin verrühren. Die braune Butter langsam
einlaufen lassen und mit dem Schneebesen zügig in die Pulvermasse
rühren.

ORANGENBAISER

ZUTATEN

3 Eiweiße

40 g Albumin (Eiweißpulver, in
der Apotheke erhältlich)

Orangensirup (siehe oben)

110 g Mandelmehl

ZUBEREITUNG

1. Eiweiße und Albumin mit dem Handrührgerät in einer Schale aufschlagen. Den Orangensirup langsam unter ständigem Weiterrühren
hinzulaufen lassen. Dabei vorsichtig arbeiten, damit das Ganze nicht
zusammenfällt.
2. Mit einem Küchenspatel vorsichtig das Mandelmehl unter die
Eiweiß-Orangen-Masse heben. Alles dünn auf einer Silikonmatte
(oder auf Backpapier) ausstreichen.
3. Baiser bei 110 °C 8 Minuten backen und danach bei 56 °C 6 Stunden
im Backofen trocknen.

SCHWARZES MOLKETOFFEE

ZUTATEN

1 l Mozzarellamolke

100 g Zucker

10 g Holzkohlepulver (in der Apotheke erhältlich)

ZUBEREITUNG

1. Die Molke mit dem Zucker bei 95 °C unter ständigem Rühren auf
200 ml reduzieren, bis eine zähflüssige toffeeartige Masse entsteht.
Danach das Molketoffee mit der Holzkohle einfärben.

BRAUNE BUTTERCREME

ZUTATEN

2 Eigelbe

20 g Zucker

50 ml Haselnussöl

150 ml braune Butter
(siehe Seite 80)

ZUBEREITUNG

1. Eigelbe und Zucker mit einem Stabmixer mixen. In die Eigelbmasse
langsam das Nussöl und danach die temperierte flüssige braune
Butter unter ständigem Mixen einfließen lassen.
2. Die emulgierte Masse in eine Spritzflasche oder einen Spritzbeutel
füllen und portionieren.

SUDEEP POUDEL:
»EINE MAHLZEIT IST WIE EIN FEST«

Nepal beflügelt unsere Sehnsüchte, lässt in unseren Köpfen sofort Bilder von Mönchen in roter Tracht, prachtvollen Tempeln und Königsstädten, Fantasien von Spiritualität und natürlichem Leben jenseits der Industriekultur entstehen. Für Gipfelstürmer, Sinnsucher und Hunderttausende Touristen eine eigene Welt – auch die von Kontrasten. Von hier ist Sudeep Poudel mit 19 Jahren geflohen, nachdem sich zehn Jahre Maoisten und monoarchietreues Militär einen blutigen Guerillakrieg lieferten, nachdem die Bevölkerung der vielen kleinen Bergdörfer geschundene Geiseln dieses Krieges wurden und zwischen die Fronten gerieten. In Katmandu, der Hauptstadt, hatte Sudeep im ersten Haus am Platz seine Ausbildung zum Koch begonnen. Illustre internationale Gäste gingen hier ein und aus, genossen die vielfältige Küche des Landes, die auch kulinarisch die geografische Lage zwischen Indien, China und Tibet widerspiegelt. Als wir gemeinsam mit Sudeep im Betriebsrestaurant eines großen Turbinenherstellers Gerichte aus seiner Heimat kochen, kommen für viele Gäste die Sehnsuchtsbilder zurück.

Immer im April feiert Nepal offiziell den Jahreswechsel und ist dabei unserer Zeit deutlich voraus – 56,7 Jahre, um genau zu sein. Denn die Feste des Landes werden nach dem Vikram-Sambat-Kalender terminiert, der nach einem früheren König benannt wurde und der Sonnen- und Mondkalender vereint. Außerdem gibt es die die Newar-Sambat-Zeitrechnung und den tibetischen Kalender. Danach schreiben wir 2016 entweder das Jahr 2073, 1137 oder 1762. Und Neujahr ist entweder im April oder November oder Februar. In Nepal verwirrt das niemanden, denn das Land ist ein Schmelztiegel der Kulturen.

Über 50 religiöse Feste nehmen 130 Tage im Jahr ein, überschneiden sich manches Mal sogar. 100 verschiedene Kasten sowie ethnische und Religionsgruppen teilen sich das Land, 124 Sprachen und Dialekte werden gesprochen und machen aus Nepal ein wahres Minoritätenmosaik. Dennoch sind gut 80 Prozent der Nepalesen Hindus, obgleich es keine Staatsreligion gibt. Nepal ist seit Inkrafttreten seiner neuen Verfassung 2008 ein säkularer Staat. Einzig das Kastensystem ist tief in der Gesellschaft verwurzelt, 70 Prozent der Bevölkerung werden danach nicht gleichberechtigt behandelt, Unberührbare ausgebeutet, kastenlose Frauen und Kinder wie Slaven verkauft. Zudem hat die neue Verfassung rund vier Millionen Staatenlose geschaffen, weil nur Anspruch auf eine Staatsbürgerschaft hat, wer einen nepalesischen Vater vorweisen kann.

Und dennoch: Dieses Land ist gelebte Vielfalt. Auch und gerade in der Küche, die insgesamt aber die Einfachheit der Lebensverhältnisse vieler Einwohner insbesondere nach dem schweren Erdbeben 2015 widerspiegelt. Ein Newar bevorzugt als Beilage Chiuara, mit verschiedenen Zutaten aufgeschlagenen Reis,

die Tieflandbewohner bevorzugen Chapatis, kleine Fladenbrote, die tibetischen Völker Tsampa, ein geröstetes Gerstenmehl, das mit Buttertee zu Klößchen geknetet wird. Sie würzen auch deutlich schärfer als viele der 1,5 Millionen Bewohner des Kathmandutals, die dafür meist abwechslungsreicher und süßer essen.

Linsen und Reis – ein Nationalgericht

Auf ein Nationalgericht können sich trotzdem alle einigen: Dahl Bhat – Linsen und Reis, je nach Region und Wohlstand mit Gemüse, Fleisch, Fisch oder Eiern verfeinert. Zweimal täglich, am Morgen und späten Abend, nehmen es die Nepalesen zu sich. Ein kleiner Berg körniger Reis, auf den ein Schälchen gekochte schwarze, rote oder gelbe Linsen gegeben wird. Sogar in Restaurants wird davon auf Wunsch ein Nachschlag serviert. Dazu gibt es Achar, das sind sehr scharf gewürzte Gemüse-Pickles, oder sauer-scharfes Frucht-Chutney. Sudeep richtet das Dahl Bhat mit verschiedenen Zugaben auf einem Thali an, einem Tablett aus Silber, Edelstahl oder Kupfer, von dem sich alle Gäste bedienen können. Das klingt locker. Den Teller oder das Glas ein Nepalesen darf man dabei aber nicht berühren. Für Hindus wäre das Essen damit sonst unrein. Selbst beim Wassertrinken versuchen sie einen direkten Kontakt mit dem Trinkgefäß zu vermeiden, wenn es zuvor mit anderen hätte in Berührung kommen können.

Offizielle Essenseinladungen beginnen mit Getränken und Häppchen, erst zum Schluss wird das Essen

gereicht. Auf dem Boden oder auch auf einem Stuhl sitzend nimmt man dabei den Teller in den Schoß, isst mit der rechten Hand, stellt den leeren Teller unter seinen Stuhl oder in eine Ecke des Raumes. Das Ende des Essens ist gleichzeitig auch das Ende der Einladung. Fast wie bei einem Volksfest geht es hingegen auf den vielen privaten und religiösen Feiern zu. Lange Tafeln werden aufgebaut, Buffets üppig garniert, besonders wenn es um Anlässe der wohlhabenderen newarischen, städtischeren Bevölkerung geht. Hier wird auch eine große Auswahl an Keksen und Kuchen gereicht. Oder das nepalesische Möhrendessert mit Nüssen und Früchten, das Sudeep für uns zubereitete – wie zuvor im Crown Plaza in Katmandu, wo er seine Ausbildung begann und begleitend zu seinem Hotelmanagement-Studium arbeitete.

Eher selten standen in dem noblen Restaurant die einfacheren Speisen der Bergbauern aus dem Himalaya auf der Karte. Sukuti zum Beispiel, getrocknetes, fast ledriges Fleisch vom Wasserbüffel oder Yak, das in der Pfanne mit Ghee, Zwiebeln, Knoblauch, Koriander und Chili gebraten wird. Kühe sind für die Hindus zwar heilig, Rindfleisch wird also nur sehr selten angeboten, beim Yak mit ihren imposanten Hörnern machen jedoch viele eine Ausnahme, obwohl sie genau genommen zu den Rindern gehören. Getrocknet wird aber auch das Fleisch von Lämmern und Schafen, die hier Bheda genannt werden. Aus der Milch der Naks, der weiblichen Yaks, wird ein besonders kräftiger Käse hergestellt. Die ersten Käsereien waren ein Entwicklungshilfeprojekt aus der Schweiz, das den Speiseplan in Nepal nachhaltig beeinflusst hat. Denn mittlerweile wird überall im Land Käse produziert. Und auch ansonsten erinnern uns verschiedene Produkte aus den Bergregionen Nepals an den Speiseplan aus den europäischen Alpen: Kartoffeln, Blutwurst, Rettiche und Rote Beete. Gewürzt werden sie allerdings deutlich schärfer, zum Beispiel mit Timut-Pfeffer, einer wilden und sehr aromatischen Variante des Szechuanpfeffers, wie wir ihn aus der chinesischen Küche kennen. Er wächst an Sträuchern im Umfeld der höchsten Berge, von denen Nepal einige zu bieten hat. Im nach Tibet höchstgelegenen Land der Erde ist dies nicht nur der Mount Everest, sondern sechs weitere der zehn höchsten Berge der Welt.

Zumindest ein tibetisches Gericht aus den Bergen hat es bis auf die Straßenmärkte der wenigen großen Städte Nepals geschafft: Momos, im Dampf gegarte Teigtaschen, ähnlich schwäbischen Maultaschen oder italienischen Ravioli. Sudeep füllt sie mit einer Hackfleischmischung. In seiner Heimat gibt es sie in grenzenloser Vielfalt – mit Ziegenfleisch, Huhn oder rein vegetarisch. Serviert werden sie meistens in einer tomatisierten, scharfen Sauce.

Zu den sehr nahrhaften und bodenständigen Gerichten aus den Bergen trinken die tibetischen Völker Raksi, einen Schnaps, der in fast allen Dörfern von den Einwohnern selbst gebrannt wird. Als Basis dienen Hirse oder Gerste. Die vergorene Maische wird in einem großen Topf über offenem Feuer erhitzt, der nach oben spitz zuläuft und mit Wasser gekühlt wird. Der kondensierte Raksi setzt sich darin ab, kühlt aus und läuft nach unten in ein weiteres Gefäß. Er schmeckt wie verdünnter Weizenkorn, wird warm und kalt getrunken und variiert geschmacklich je nach Region sehr stark. Auch Chhang, ein ungefiltertes, naturtrübes Bier aus fermentiertem Getreide, wird häufig selbst gebraut.

Ein traditionelles, kulturell und religiös wichtiges Getränk für die Limbu-Völker im Osten Nepals ist Tongba. Fermentierte Hirse wird dafür in einem Trinkgefäß mit kochendem Wasser aufgefüllt, muss einige Minuten ruhen. Mit einem an den Rändern perforierten Strohhalm saugt man nun das Getränk aus dem Becher, füllt immer wieder Wasser nach, bis es kaum mehr Alkohol enthält. Eine Einladung zu Tongba ist höchster Ausdruck von Gastfreundschaft.

Überall im Land wird sehr aromatischer Masala-Chai getrunken, das ist ein Gewürztee. Stark, süß und cremig muss er sein. Dazu werden Wasser, Milch und Zucker mit Kardamom, Nelken, Fenchelsamen, Muskat, Anis, Ingwer und Zimt aufgekocht, erst dann kommen die Blätter eines starken Assam-Tees hinzu. Zehn Minuten sollte der Masala-Chai ziehen. Dann wird er mehrfach in eine Tasse geschöpft und zurückgegossen, sodass Luft in die Milch-Tee-Mischung geleitet wird. Erst dadurch bekommt der Chai seine typische cremige Konsistenz, wirkt anregend und belebend.

Wir sitzen mit Sudeep vor den verschiedenen Speisen, die wir gemeinsam unter seiner Anleitung zubereitet haben, trinken einen Chai. Während des Kochens war er hochkonzentriert, jetzt erzählt er davon, wie er mit 19 Jahren seine Heimat verlassen hat, zunächst in der Schweiz seine Ausbildung an einer Hotelfachschule in Luzern komplettierte. In Deutschland ist er seit fast zwei Jahren, arbeitete in verschiedenen Restaurants. Er will die europäische Küche kennenlernen, nachdem er für so viele internationale Gäste in Katmandu gekocht, ihnen die sehr unterschiedlichen Küchen seines Landes näher gebracht hat. Denn egal welches Jahr man gerade in Nepal schreibt, die Küche aus Sudeeps Heimat ist ein Symbol dafür, wie sich Kulturen gegenseitig inspirieren können, ohne sich selbst aufzugeben.

TIMUT PFEFFER – WILDER TAUSENDSASSA AUS NEPAL

Sudeep hatte ihn in einer unscheinbaren kleinen Blechdose dabei – aber auf der Zunge entfaltete er ein einzigartiges intensives Aroma von prickelnder Schärfe, erfrischendem Zitrus, exotischen Früchten und würzigem Holz: Timut Pfeffer aus dem Himalaya. Kein Wunder, denn wie sein Artgenosse, der chinesische Szechuanpfeffer, ist auch er eigentlich kein echter Pfeffer. Er stammt von einer dornigen Strauchpflanze, die erst gelbe, dann rötlich braune Kapseln bildet. Sie wächst wild in über 2 000 Metern Höhe und die Beeren werden von den Bewohnern des Himalaya seit Jahrtausenden verwendet.

Dieser Pfeffer ist eine echte Rarität – und doch mittlerweile selbst in Europa zu bekommen. Denn langsam erkennen wir, dass Pfeffer weit mehr ist als helles oder dunkles Pulver aus der Dose. Diese Erkenntnis ist nicht ganz neu: Um das Jahr 0 segelten die Römer in die Gewürzländer und brachten aus Indien Pfeffer, Ingwer, Safran und Nelken mit. Im Mittelalter war Pfeffer Statussymbol – bisweilen wurde die Mitgift herrschaftlicher Bräute mit dem begehrten Gewürz aufgewogen. Bei den Hochzeitsfeierlichkeiten des Herzogs Karl von Burgund 1468 wurden Pfefferkörner sogar als Dessert gereicht, woran die damaligen Gewürzhändler, auch »Pfeffersäcke« genannt, gut verdienten. Danach wurde Pfeffer dann Allgemeingut, der kostengünstigere Plantagen-Rundpfeffer ersetzte den Land- und Stangenpfeffer, den wir heute wieder entdecken.

Beim Timut Pfeffer lohnt sich die Entdeckung in jedem Fall. Denn er ist zugleich auch ein Universalgenie in der Küche. Sparsam dosiert passt er ausgezeichnet zu weißen Fischen, Jakobsmuscheln, Geflügel, Ziegenkäse, er lässt sich gut mit Kardamom und Rosmarin kombinieren und begleitet selbst Erdbeeren, Mango und Melone im Dessert. Karl von Burgund hätte sich gefreut. Hinzu kommt, dass Timut Pfeffer besonders gesund ist: ein hoher Anteil an Antioxidantien und dreimal mehr ätherische Öle als herkömmlicher Pfeffer. Um die voll zu Geltung zu bringen, empfiehlt es sich, den Timut Pfeffer zu mörsern. Dann entfaltet er auch die leicht betäubende Wirkung auf der Zunge, die wir als Prickeln wahrnehmen. Bei uns wird er als Timut Pfeffer angeboten, aber auch unter der Bezeichnung Nepalesischer bzw. Schwarzer Szechuanpfeffer.

MOMO ACHAR

TEIGTASCHEN MIT WÜRZIG-SCHARFER SAUCE
FÜR 4 PERSONEN

ZUTATEN

Für den Teig
500 g Weizenmehl, Type 405
2–4 TL Olivenöl
1 TL Salz

Für die Füllung
400 g Putenhackfleisch
150 g Schweinehackfleisch
½ TL Kurkuma
½ TL Kreuzkümmelpulver
1 TL Curry
Pfeffer, Salz
2 Lauchzwiebeln
½ rote Zwiebel
1 Knoblauchzehe
1 TL Ingwer
1 TL Olivenöl

Für die Sauce
1 Gemüsezwiebel
5 große Tomaten
2 Knoblauchzehen
1 TL frischer Ingwer
4–5 getrocknete Chilischoten
1 Frühlingzwiebel
1 TL Butter
1 TL Sesam
1 TL Timut Pfeffer
Saft von ½ Limette

ZUBEREITUNG

1. Für den Teig Mehl, Öl, Salz und 100 ml Wasser in eine Schüssel geben. Die Zutaten miteinander verkneten, bis ein geschmeidiger, luftiger Teig entsteht. Den Teig mit Frischhaltefolie abdecken und 15–20 Minuten im Kühlschrank ruhen lassen.

2. Für die Füllung in der Zwischenzeit das Puten- und Schweinehackfleisch miteinander vermengen, mit Kurkuma, Kreuzkümmel, Curry, Pfeffer und Salz würzen. Lauchzwiebeln, Zwiebel, Knoblauch und Ingwer schälen, putzen und klein hacken. Zusammen mit dem Olivenöl zum Hackfleisch geben und alles gut mischen.

3. Den Teig noch einmal gut durchkneten, dann zu einer schmalen Rolle formen, davon walnussgroße Stücke abreißen und mit der Hand zu kleinen Kugeln rollen. Die Kugeln plattdrücken, sodass Kreise von ca. 8 cm Durchmesser entstehen. Anschließend jeweils 1 EL der Füllung mittig auf den Teigplatten platzieren. Den Teigrand mit etwas Wasser benetzen und zur Mitte hin in kleinen Falten zusammendrücken, sodass eine Art Beutel entsteht und die Füllung umschlossen ist.

4. Die Teigbeutel in einem Dampfgarer ca. 15–20 Minuten garen lassen. Alternativ ein Küchentuch über einem Topf mit kochendem Wasser spannen, die Teigbeutel auf das Küchentuch setzen und etwa 30 Minuten garen lassen.

5. Für die Sauce die Zwiebel schälen, die Tomaten waschen und putzen, beides in grobe Würfel schneiden. Die Knoblauchzehen abziehen und flachdrücken. Ingwer schälen und klein hacken. Chilischoten fein hacken. Alles zusammen in einen Mixer geben und zu einem groben Brei verarbeiten. Die Lauchzwiebeln klein schneiden und zusammen mit Butter, Sesam, Timut Pfeffer und etwas Wasser zum Brei geben und noch einmal gut durchmixen. Den Limettensaft hinzufügen, noch einmal mixen.

6. Die fertigen Momos mit der Sauce anrichten.

Je nach Schärfe und Menge der verwendeten Chilischoten kann die Sauce sehr feurig werden. Dosieren Sie lieber vorsichtig.

DAL BHAT

LINSEN MIT REIS, NEPALESISCHES NATIONALGERICHT
FÜR 4 PERSONEN

ZUTATEN

100 g rote Linsen

100 g grüne ungeschälte Mungobohnen

1 Lauchzwiebel

½ rote Zwiebel

1 EL Ingwer

1 Knoblauchzehe

2 EL Öl

1 TL Kreuzkümmelpulver

½ TL Kurkuma

Salz

1 EL Butter

300 g Basmati Reis

Pfeffer

ZUBEREITUNG

1. Linsen und Mungobohnen in einem Sieb unter kaltem Wasser abbrausen. In einem Topf 1 l Wasser zum Kochen bringen, Linsen und
Mungobohnen hineingeben und 20–25 Minuten kochen, bis sie weich
sind.

2. Lauchzwiebel, rote Zwiebel, Ingwer und Knoblauch schälen und klein
schneiden. Öl in einer Pfanne erhitzen, darin alles zusammen mit
Kreuzkümmel und Kurkuma anbraten.

3. Nach dem Anbraten das Gemisch zu den Linsen und Bohnen in das
Kochwasser geben, alles salzen, die Butter hinzufügen und köcheln
lassen.

4. Währenddessen den Reis in Salzwasser nach Packungsanweisung
kochen, danach 5–7 Minuten im Dampfgarer oder über Wasserdampf
nachgaren lassen.

5. Alles mit Pfeffer und Salz abschmecken.

*Das klassische Dal Bhat besteht aus Linsen mit Reis. Dazu werden
meist verschiedene Beilagen serviert, zum Beispiel Gemüse und Chutneys. Die kleinen Rezepte auf den folgenden Seiten passen gut dazu.*

PALUNGO KO SAAG

GEDÜNSTETER SPINAT – ZWEI VARIANTEN
FÜR 4 PERSONEN

ZUTATEN

200 g Blattspinat

Salz

1 EL Öl

1 EL Kreuzkümmelpulver

1 EL Curry

ZUBEREITUNG

1. Den Spinat waschen. Die Hälfte in einem Dampfgarer ca. 10 Minuten
garen lassen. Alternativ ein Küchentuch über einen Topf mit kochendem Wasser spannen und den Spinat auf dem Küchentuch etwa
10 Minuten garen lassen. Leicht salzen.

2. In einer Pfanne das Öl erhitzen. Darin die andere Hälfte des Spinats
mit Kreuzkümmel und Curry anbraten. Abkühlen lassen.

BODI TAAREKO

GERÖSTETE AUGENBOHNEN
FÜR 4 PERSONEN

ZUTATEN

300 g Augenbohnen
5 g Ingwer
1 Lauchzwiebel
1 TL Butter
½ TL Paprikapulver
½ TL Currypulver
Salz
Saft ½ Limette

ZUBEREITUNG

1. Die Augenbohnen in einer Schüssel mit Wasser über Nacht einweichen.
2. Ingwer schälen und fein hacken. Lauchzwiebel putzen und in feine Röllchen schneiden.
3. Die Augenbohnen abgießen. Zusammen mit Butter, Ingwer, Paprikapulver, Currypulver, Salz, Lauchzwiebeln und Limettensaft in der Pfanne anbraten. Bohnen lange rösten lassen, bis sie schön knusprig und goldbraun sind.

SANDEKO

SOJASPROSSENSALAT MIT SHRIMPS
FÜR 4 PERSONEN

ZUTATEN

2 Lauchzwiebeln
100 g Rote Bete (gegart)
1 Knoblauchzehe
1 unbehandelte Limette
500 g Sojasprossen
1 EL Öl
1 TL Curry
Salz, Pfeffer
250 g getrocknete Shrimps
50 g Butter

ZUBEREITUNG

1. Lauchzwiebeln putzen und in Streifen schneiden. Rote Bete ebenfalls in Streifen schneiden. Knoblauch abziehen und hacken. Limette halbieren, eine Hälfte auspressen, die andere in Scheiben schneiden.
2. Sojasprossen in dem Öl kurz anbraten. Lauchzwiebeln, Rote Bete, Curry, Limettensaft und eine Prise Salz und Pfeffer hinzugeben.
3. Die Shrimps in einer weiteren Pfanne mit Knoblauch und Butter erhitzen und zu den Sojasprossen geben. Alles gut miteinander vermengen.
4. Den warmen Sojasprossensalat auf einem Teller mit frischer Limette anrichten.

CHUKAUNI

NEPALESISCHER KARTOFFELSALAT
FÜR 4 PERSONEN

ZUTATEN

4 große Kartoffeln

Salz

3 EL Öl

3 Knoblauchzehen

1 TL Kardamomkapseln

1 EL Curry

1 Prise Muskat

Timur Pfeffer

2 Lauchzwiebeln

1 rote Zwiebel

Saft von 1/2 Limette

50 g Joghurt

4–5 frische Minzblätter

50 g Sesam

ZUBEREITUNG

1. Die Kartoffeln schälen und mit einer Prise Salz in kochendes Wasser geben. Sobald die Kartoffeln gar sind, in mundgerechte Stücke schneiden.

2. Öl in eine Pfanne geben. Die Knoblauchzehen abziehen und hacken. Die Kardamomkapseln aufbrechen und die Samen herauslösen. Knoblauch zusammen mit Kardamom, Curry, Muskat und etwas Pfeffer in der Pfanne erhitzen. Das Gemisch zu den Kartoffeln geben. Lauchzwiebeln und rote Zwiebel putzen, klein schneiden und mit dem Limettensaft und dem Joghurt ebenfalls zu den Kartoffeln geben. Alles gut vermischen.

3. In einer Pfanne die Minzblätter in 100 ml Wasser kurz erwärmen. Minzwasser mit Sesam in einem Mixer zu Brei verarbeiten und ebenfalls über die Kartoffeln geben. Den Kartoffelsalat mit Salz und Pfeffer abschmecken, noch einmal gut vermengen, dann im Kühlschrank 10–15 Minuten durchziehen lassen.

GAJAR HALWA

NEPALESISCHES MÖHRENDESSERT
FÜR 4 PERSONEN

ZUTATEN

8 große Möhren

50 g Cashewkerne

50 g Mandeln

50 g getrocknete Pflaumen

50 g getrocknete Rosinen

25 g Kardamomkapseln

2 EL Öl

125 g Butter

3 EL Rohrzucker

200 ml Milch

50 g feine Kokosraspel

400 g Mangomus (im Asia-Shop
   erhältlich)

100 ml Sahne

Saft von ½ Limette

1 Granatapfel

ZUBEREITUNG

1. Die Möhren schälen, putzen und mit einer feinen Reibe raspeln. Cashewkerne, Mandeln, Pflaumen und Rosinen klein hacken, etwa ein Viertel der Mischung in eine separate Schale füllen. Kardamomkapseln aufbrechen und die Samen herauslösen.

2. Öl in einer Pfanne erhitzen und die geriebenen Möhren darin anbraten. Butter und Rohrzucker hinzugeben, sodass die Möhren leicht karamellisieren. Den größeren Teil der Nuss-Trockenobst-Mischung beifügen. Möhren mit Milch und Kokosraspeln untermengen und alles köcheln lassen, bis ein Brei entsteht. Diesen in eine Schüssel füllen und 5–10 Minuten im Kühlschrank abkühlen lassen.

3. Für die Sauce das Mangomus mit der Sahne und dem Limettensaft mixen.

4. Die Möhrenmasse aus dem Kühlschrank nehmen. Jeweils 2–3 EL davon in Dessertringe oder runde Förmchen verteilen. Gehackte Nüsse und die getrockneten Früchte darüber streuen und mit weiteren 2–3 EL Möhrenmasse bedecken.

5. Granatapfelkerne von der Schale befreien und über das Dessert streuen. Nach Belieben noch mit ein paar Mandeln oder Kokosraspeln bestreuen.

6. Die Dessertringe abnehmen und die Küchlein mit Mangomus-Sauce servieren.

Momo Achar, die dampfgegarten kleinen Köstlichkeiten aus Nepal
inspirieren Tony Hohlfeld zu einer eigenen Kreation. Seine Dumplings
füllt er mit Taube. Aber auch bei seinem Gericht fehlen nicht die
Schärfe des Ingwers, die Frische von Koriander und die Säure der Limette.
Eine gegrillte Lauchzwiebel gibt es als Snack dazu.

TAUBE / LAUCHZWIEBEL / LIMETTE

FÜR 4 PERSONEN

TAUBENFÜLLUNG FÜR DUMPLINGS

ZUTATEN

2 Tauben
1 Zwiebel
100 ml Taubenjus (siehe S. 136)
gehackter Koriander

ZUBEREITUNG

1. Die Tauben in Brust und Keule zerlegen und die Karkassen für die Taubenjus (siehe S. 136) aufbewahren. Die Zwiebel halbieren und ohne Öl in einer Pfanne auf der Schnittseite schwarz rösten.

2. Die Taubenkeulen und -brüste und die geschwärzte Zwiebel mit der Taubenjus vakuumieren (siehe S. 61) und bei 68 °C für 15 Stunden Sous vide garen. Alternativ die Taubenkeulen mit der Zwiebel bei mittlerer Temperatur in einem abgedeckten Topf auf dem Herd weich schmoren.

3. Wenn die Taubenkeulen weich sind, das Fleisch vom Knochen lösen und die Zwiebel klein hacken. Alles miteinander vermengen und mit Taubenjus und gehackten Korianderblättern würzen.

Foto: Taubenfüllung für Dumplings / Dumplingteig / Taubenjus / Gegrillte Lauchzwiebeln /
Würzige Lauchzwiebel / Limettencreme / Petersilien-Limetten-Creme

DUMPLINGTEIG

ZUTATEN

150 g Mehl
10 g Butter
1 Eigelb
Salz, Pfeffer

ZUBEREITUNG

1. Für den Dumplingteig alle Zutaten mit 50 ml Wasser zu einem Teig vermengen, daraus eine Rolle formen. Die Rolle in Klarsichtfolie einwickeln und mindestens 1 Stunde kalt legen.
2. Die Rolle in dünne Scheiben schneiden, diese jeweils auf die gewünschte Größe ausrollen. Die Teigscheiben mit der Taubenmasse (siehe S. 135) füllen und verschließen. Dazu den Teigrand mit etwas Wasser benetzen und zur Mitte hin in kleinen Falten zusammendrücken, sodass eine Art Beutel entsteht.
3. Die Dumplings vor dem Anrichten bei 90 °C in einem Dampfgarer oder in einem Sieb über einem Topf mit kochendem Wasser erhitzen, bis der Teig weich und durchsichtig ist.

TAUBENJUS

ZUTATEN

1 Taubenkarkasse (siehe S. 135)
100 g Zwiebeln
50 g Möhren
50 g Sellerie
50 g Champignons
100 g reife Tomaten
50 g Äpfel
5 Mandarinen
2 Knoblauchzehen
30 g Ingwer
2 Stangen Zitronengras
200 ml Portwein
Salz, Pfeffer
Wacholderbeeren

ZUBEREITUNG

1. Die Taubenkarkasse klein hacken. Zwiebeln, Möhren, Sellerie und Champignons putzen und mit der Taubenkarkasse im Ofen bei 180 °C etwa 30 Minuten dunkelbraun rösten.
2. Tomaten, Äpfel, Mandarinen, Knoblauchzehen, Ingwer und Zitronengras putzen und klein schneiden. Alles zusammen in einem heißen Topf anschwitzen und so lange schmoren, bis die Flüssigkeit verdampft ist. Die Taubenkarkasse und das Gemüse hinzugeben, mit dem Portwein ablöschen und bei mittlerer Temperatur auf dem Herd um die Hälfte reduzieren.
3. Salz, Pfeffer und Wacholderbeeren hinzugeben und alles mit Wasser bedecken. Den Sud bei etwa 90 °C 36 Stunden auf dem Herd ziehen lassen, bis er die gewünschte Intensität erreicht hat.

GEGRILLTE LAUCHZWIEBELN

ZUTATEN

4 Lauchzwiebeln
10 g braune Butter (siehe S. 80)

ZUBEREITUNG

1. Lauchzwiebeln putzen, von der äußersten Schicht befreien und mit brauner Butter auf der Grillplatte rösten.

WÜRZIGE LAUCHZWIEBEL

ZUTATEN

4 Lauchzwiebeln
Salz
20 g Röstzwiebelstaub
   (siehe S. 61)
5 g geriebener Ingwer
2 TL Haselnussöl

ZUBEREITUNG

1. Die Lauchzwiebeln putzen, von der äußersten Schicht befreien, bis zum Grün in gesalzenes kochendes Wasser legen und etwa 2 Minuten blanchieren. Danach sofort in Eiswasser legen.
2. Röstzwiebelstaub mit dem Ingwer mixen, das Gewürzpulver etwa 12 Stunden bei Zimmertemperatur trocknen. Vor dem Servieren die gegarten Teile der Lauchzwiebeln mit Haselnussöl einpinseln und im Gewürzpulver wenden.

LIMETTENCREME

ZUTATEN

1 unbehandelte Limette
50 g Frischkäse
Salz, Pfeffer

ZUBEREITUNG

1. Die Limette waschen, trocknen und die Schale mit dem Zestenreißer abschälen. Den Frischkäse mit den Limettenzesten glatt rühren und würzen.

PETERSILIEN-LIMETTEN-CREME

ZUTATEN

2 Bund frische Petersilie +
   10 Zweige
3 EL Öl
3 Schalotten
3 Limetten
50 g Butter
Salz, Pfeffer

ZUBEREITUNG

1. 2 Bund Petersilie waschen, die Blätter abzupfen und klein hacken. Die gehackten Blätter zusammen mit dem Öl in einer Dose einfrieren. Die gefrorene Petersilie mit einem Smoothiemaker oder Mixer zerkleinern.
2. Die Schalotten schälen und klein schneiden. Zwei Limetten auspressen, eine Limette schälen und filetieren. Die Schalotten in einer Pfanne bei geringer Temperatur mit Butter und einer Prise Salz glasig anschwitzen. Mit Limettensaft ablöschen, Limettenfilet einrühren und alles bei mittlerer Temperatur auf dem Herd solange reduzieren, bis es eine sämige Konsistenz hat. Kalt stellen.
3. 10 Zweige frischer Petersilie waschen, die Blätter abzupfen und klein hacken. Den Limetten-Zwiebel-Sud mit dem Petersilienpüree und der frischen Petersilie zu einer feinen Masse mixen, leicht pfeffern. Anschließend durch ein Sieb passieren und zum Servieren in einem Topf unter ständigem Rühren erhitzen.

Die Lauchzwiebeln mit den Dumplings und Cremes anrichten und mit Knoblauchkresse garnieren.

MUHAMMAD ZAFRAN:
»DIE KÜCHE MEINER HEIMAT KENNT KEINE LANDESGRENZEN«

Muhammad Zafran kommt aus Rawalpindi – einer Stadt in der pakistanischen Region Punjab, die wie wenig andere Symbole für die große Vergangenheit und die unstete Gegenwart des gesamten Landes ist. Im Altertum war sie Zentrum der Indus-Kultur, einer der frühesten Hochkulturen der Erde. Sie war Durchgangsort der zerstörerischen Feldzüge von Persern, Mongolen und Muslimen, dann größte Garnisonstadt der britischen Indien-Streitkräfte, vorübergehend Sitz der pakistanischen Regierung. 1951 wurde hier der erste gewählte Premierminister Pakistans ermordet, 2007 die erste Premierministerin Benazir Bhutto. Eine Stadt zwischen Extremismus und Militärdiktatur – und doch inmitten einer Region, in der literarisch verbürgt Milch und Honig fließen, der Kornkammer des gesamten indischen Subkontinents, der Heimat einer durch Mogulkaiser und Fürstenhöfe inspirierten Hochküche, der Wiege des Tandoor-Ofens. Hier Koch zu werden, heißt auch, ein großes Erbe hochzuhalten gegen die Wirren des Heute.

Als 2006 Ramadan Zafran, der Bruder von Muhammad heiratete, wurde das ganz dem alten Zeremoniell folgend gefeiert – drei Tage lang und mit 1 200 Gästen. Nicht ungewöhnlich in Pakistan. Die traditionellen Gerichte, die beim Hochzeitsbankett Walima gereicht und von speziellen Köchen zubereitet wurden, inspirierte Muhammad selbst Koch zu werden. Bis heute ist Biryani, eine der Hochzeits-Speisen, sein Lieblingsessen. Als wir eine Variante davon gemeinsam kochen, erzählt er stolz, wie in seiner Heimat der vorher in Ghee angebratene Reis und vorgegartes Huhn Lage über Lage in einem einzigen großen Topf geschichtet und dann über lange Zeit abgedeckt gegart wurde. Feste dieser Größenordnung sind in Deutschland selten. Auch generell wundert sich Mohammend Zafran darüber, dass hier die Menschen meist einzeln oder zu zweit essen, nicht wie Zuhause mit vielen zusammen. Und dennoch hat er bereits andere Erfahrungen gemacht: Wenn er hier in seiner kleinen Wohnung kocht, kommen immer alle zum Essen.

Zu den speziellen Hochzeitsspeisen in Pakistan gehören neben vielen anderen Süßigkeiten auch Firi, ein Mandel-Reis-Pudding mit Pistazien und sogar verschiedene Hochzeitsbrote: Sheermal, ein häufig süßes Fladenbrot mit Milch, Joghurt, Safran und kandierten Früchten. Und Taftan, das mit Kardamom gewürzt und an den Seitenwänden eines Tandoor-Ofens gebacken wird. Sie sind nur zwei Vertreter einer sagenhaft reichen Brotkultur, die dafür sorgt, dass Reis erst die Nummer zwei unter den Grundnahrungsmitteln in Pakistan ist. Zudem ist es Bestecksersatz, wird mit der rechten Hand abgebrochen und dazu genutzt, die Speisen aufzunehmen und zum Mund zu führen. Taftan ist eine Variante von Naan, dem gesäuerten Fladenbrot aus Weizenmehl, das rund oder auch in die Länge gezogen wie Pizza über offener Glut im Tandoor-Lehmofen gebacken wird. Zu jedem Essen wird Roti oder auch Chapati gereicht, Weizen-Vollkornbrot ohne Hefe, dafür aber mit dem Butterschmalz Ghee und auf einer Eisenplatte (Tava) beidseitig wie ein Crêpe gebacken. Dazu gehört auch Paratha, in Urdu, einer der 50 Sprachen in Pakistan, bedeutet das »Schichten aus gebackenem Teig«. Und in der Tat wird dieses Brot meist mit vielfältigen Füllungen und Belägen zu Chutneys und eingelegten Gemüsen angeboten. Zusammen mit Raita (gewürztem Joghurt) war das auch das traditionelle Frühstück für Muhammad, seine sieben Geschwister und die Eltern.

Zuhause kochte seine Mutter. Von ihr und seinem ersten Küchenchef in einem Innenstadtrestaurant in Rawalpindi lernte Muhammad auch den Umgang mit Gewürzen. Wenige Küchen gehen damit gekonnter um, als die des indischen Subkontinents. In Currys sind nicht selten mehr als 15 verschiedene Gewürze enthalten. Bockshornklee, Chili, Fenchelsamen, Ingwer, Kardamom, Koriander, Kurkuma, Kreuzkümmel, Langpfeffer, indischer Lorbeer, Muskat, Nelken, Zimt – hier kommen sie alle her und wurden ab dem

Mittelalter auch nach Europa verschifft, wo sie wie eine eigene Währung gehandelt wurden. Die berühmte pakistanische Gewürzmischung Garam Masala, hier meist in gemahlener Form erhältlich, wurde bei Muhammad zuhause frisch gemischt, die meisten Gewürze zuvor angeröstet, um deren Aromen noch zu intensivieren.

Chutney-Saucen krönen fast alle Gerichte

Aber auch Safran findet sich in vielen Speisen. Ein Mitbringsel des persischen Schah Nasir, der wie Alexander der Große, Babur der Mongole, der paschtunische Schah Sher Khan Suri seine Spuren auf dem Küchenzettel des Punjab hinterließ. So werden in Pakistan bis heute Kebabs, Fleischspieße mit Hammel, Rind oder Ziege gegessen, wie insgesamt auch deutlich mehr Fleisch als zum Beispiel im Süden Indiens, wo der Anteil an Vegetariern schon aus religiösen Gründen deutlich höher ist. Huhn aus dem Tandoor steht ebenso auf der Karte. Das Besondere dabei: der Ofen wird nicht von vorn, sondern von oben beschickt. Dazu werden jeweils Saucen und Chutneys gereicht, die wie auch die Currys im Punjab deutlich schärfer sind als im Norden Pakistans.

Die eingelegten Gemüse und die würzig-pikanten, teils süß-sauren Chutney-Saucen gibt es in unzähligen Variationen und Zusammenstellungen. Sie werden in Pakistan meist frisch zubereitet und zu nahezu allen Gerichten, zu Brot auch als Dip genossen. »Wir haben sie zuhause gegessen wie Marmelade«, sagt Muhammad. Nach der Kolonialzeit haben auch die Briten sie nach Europa gebracht – allerdings eher mit Früchten wie Mango, Tomaten, Tamarinden oder Essig eingemacht und deshalb länger haltbar. In jedem Fall sind sie eine Bereicherung auch für unsere Küche.

Kulinarisch vielfach als Resteverwertung in der pakistanischen Küche oder Streetfood-Snack abgetan wird eine andere Spezialität des Punjab: Samosas.

Die dreieckigen Teigtaschen aus Weizenmehl werden mit vorgegarten Speisen unterschiedlichster Art gefüllt und dann frittiert. Es gibt sie mit Rindfleisch, Kartoffeln, Blumenkohl, Fisch, Panier-Frischkäse, Koriander – der Fantasie auch hierzulande sind keine Grenzen gesetzt. Bereits im 11. Jahrhundert wurde das Gebäck am Hof der iranischen Hunnen zubereitet, die damals den Punjab besetzten. Samosas wurden und werden mit scharfen Saucen und auch in süßer Form zum Tee gereicht.

Welche Speisen hat Muhammad in Deutschland zum ersten Mal gegessen? Pilze und besonders Pfifferlinge kannte er nicht – und versteht, dass man diese zarten Gewächse sehr viel vorsichtiger würzen muss, als er das aus seiner Heimat gewohnt ist. Vielleicht wird er aber auch der Küche des Landhotels mehr Schärfe geben, in dem er jetzt eine Anstellung gefunden hat. »Das Essen ist hier sehr mild.«

In jedem Fall könnte er sie mit einem Gericht bereichern, für das es in ganz Indien unterschiedlichste Rezepturen gibt, für das sogar eigene Kochbücher geschrieben wurden und das nach Einschätzung vieler doch am besten in Pakistan gekocht wird: Dal oder auch Haleem. Linsen, in anderen Regionen aber auch Kirchenerbsen oder Bohnen werden mehrere Stunden unter ständigem Rühren mit Kreuzkümmel, Koriandersamen, Zwiebeln, Knoblauch, Chilis, Ingwer und anderen Gewürzen gekocht und ergeben dann einen Brei, der die ganze Geschmackswelt des indischen Subkontinents in sich trägt. Muhammad verwendet sogar sieben verschiedene Linsensorten, der Rest ist Familiengeheimnis. Haleem wird als Beilage zu Currygerichten, mit Reis, Chutneys und Raita gereicht, einer Joghurtsauce, die auch hilft, die Schärfe für den ungeübten Esser, also uns Europäer, zu kompensieren. Serviert wird auf einem Thali, einem großen Metalltablett, auf dem sich Reis und Brot, aber auch viele kleine Metallschüsseln mit den einzelnen Speisen befinden. Traditionell sitzt man dabei,

insbesondere wenn mehrere Gäste im Hause sind, auf einem Dastarkhan, einem Tuch, das in unserer Zeit aber auch ganz einfach als Tischdecke verwendet werden kann. Sie ist ein Symbol der Gastfreundschaft.

Und spätestens zum Ende des Essens bedeckt sich dieses Tuch mit einer bemerkenswerten Auswahl an Süßigkeiten, Gebäck und Desserts. Halva ist Grieß, der mit Zucker, Honig, Butter, Mandeln und Rosinen, manchmal aber auch mit Möhren zu einer süßen und reichhaltigen Masse gekocht wird. Kheer ist Reispudding mit Kardamom; Kulfi gefrorene Milch mit Safran und Pistazien. Und: Gulap Jamun, frittierte Teigbällchen aus Khoya, eingekochter cremiger Milch, die in einem aromatisierten Sirup mit Kardamom, Rosenwasser und bisweilen auch Safran eingelegt werden. Zum Zuckerfest am Ende des Fastenmonats Ramadan sind es noch Dutzende weitere Süßigkeiten, die aus Pakistan nicht nur ein uns ebenbürtiges Land der Brotbäcker, sondern insbesondere auch der Patissiers macht.

Kaffee gibt es in Pakistan erst seit dem Einzug der westlichen Kultur. Dafür aber eine große Auswahl an Tee, der zum Teil mit Gewürzen aromatisiert und mit Milch sehr süß getrunken wird. Süß und salzig werden Lassis, ein Joghurt-Drink, angeboten. Rooh Afza ist ein Sirup mit vielfältigen Aromen und Gewürzen, der mit Milch oder Wasser und Eis aufgegossen wird und seinerseits die Geschichte der Teilung zwischen Indien und Pakistan erzählt. 1906 von Hakim Abdul Majeed in British-India entwickelt blieb einer seiner beiden Söhne in Indien, der zweite entschied sich zur Umsiedelung nach Pakistan. Jeder produzierte den Sirup in seinem Land und seinem Unternehmen weiter. Rooh Afza ist ein beliebtes, kühlendes Getränk für die Muslime während des Ramadan, inzwischen aber auch in anderen Volksteilen populär.

Pakistan – verbindende Kulinarik

Ein Koch im Punjab kann also auf eine sehr reiche kulinarische Tradition zurückgreifen. Es ist nicht die eines einzelnen Landes. Vielmehr die von Einwanderern, Eroberern, verschiedenen Volks- und Religionsgruppen und unterschiedlichen Regionen. In einem Land, das gedacht war als eigener Staat aller Muslime des indischen Subkontinents, das 1947 als willkürliche Kombination von Landesteilen mit über 750 000 Opfern der Umsiedlung entstand, das 1971 durch die Abspaltung von Bangladesch noch einmal zerrissen wurde und das seither als Vielvölkerstaat nach seiner Identität sucht, in einem solchen Land mag Kulinarik das geringste aller Probleme sein. Aber vielleicht ist sie die Chance auf etwas, das verbindet.

AJOWAN – KÜMMEL, DER WIE THYMIAN SCHMECKT

Er rangiert als Bekömmlichmacher für schwere Speisen auf einem Level mit Anis und Fenchel, lässt sich wunderbar mit Kardamom, Ingwer, Kurkuma und Zimt kombinieren und ist selbst eine Geschmacks-überraschung: Ajowan oder auch Königskümmel. Die Gewürz- und Heilpflanze riecht intensiv nach Thymian, die getrockneten Samen schmecken wegen des hohen Thymalgehaltes scharf und bitter. Das legt sich zwar beim Kochen und Braten etwas, nicht aber ihre Wirkung: Denn die für die pakistanische und indische Küche typischen Kartoffelgerichte und Hülsenfrüchte werden durch die Zugabe von Ajowan leichter verdaulich – und aromatischer. Dazu müssen die Samen zunächst kurz in Butter oder Öl angebraten werden, bis sie sich dunkel verfärben, und werden dann dem Essen zugegeben.

Der guten Bekömmlichkeit wegen wurde Ajowan bereits in der Antike angebaut und verbreitete sich schnell über Zentralasien bis nach Indien. Dort hat er einen festen Platz in der ayurvedischen Medizin. Die längsgerippten, etwa zwei Millimeter langen Samen sind Bestandteil der »parfümierten Butter«, passen hervorragend zu Fisch, geben frischen Bohnen, Kartoffeln, Möhren oder Schwarzwurzeln den letzten Schliff und sind Bestandteil traditioneller pakistanischer Gewürzmischungen zum Beispiel für

Currys. Wegen des intensiven Geschmacks empfiehlt sich eine sparsame Dosierung. Aber verzichtbar sind die Samen in keinem Fall. Das sollte auch für unsere Küche gelten.

Hierzulande wurde Ajowan nur im Hustensaft eingesetzt – und der schmeckte bekanntermaßen immer nur bitter. Wegen des ähnlichen Aussehens und Geruches wird er oft mit Liebstöckel verwechselt. Alles keine guten Voraussetzungen für eine eigenständige Karriere des Königskümmels in Europa. Dennoch würde es sich lohnen, ihn anzubauen. Nach dem ersten Frost an einem später sonnigen Standort ausgesät, regelmäßig bewässert, gedüngt und im Sommer geerntet – und schon haben wir eine erste Ajowan-Kolonie in Deutschland.

PAKORA

FRITTIERTES GEMÜSE
FÜR 2 PERSONEN

ZUTATEN

1 Kartoffel
2 Zwiebeln
150 g Kichererbsenmehl
½ EL Salz
schwarzer Pfeffer
½ TL Schwarzkümmel (ganz)
1 TL Koriandersaat
Pflanzenöl zum Ausbacken

ZUBEREITUNG

1. Kartoffel schälen und in Streifen schneiden. Zwiebeln schälen, halbieren und in feine Streifen schneiden.
2. Kartoffeln, Zwiebeln und Kichererbsenmehl in eine Schüssel geben. Mit Salz, etwas frisch gemahlenem Pfeffer, Schwarzkümmel und Koriandersaat mischen. Nun nach und nach Wasser zugeben und alles zu einer nicht zu flüssigen Mischung verkneten.
3. In einem Topf oder Wok reichlich Öl zum Frittieren erhitzen. Je einen Esslöffel von der Masse abstechen und in das siedende Öl geben. Pakoras im Öl ab und zu wenden. Aus dem Öl nehmen und auf Küchenpapier kurz abtropfen lassen. So den gesamten Teig goldbraun ausbacken.

PAKORA MIT GARNELEN

FRITTIERTE GARNELEN
FÜR 2 PERSONEN

ZUTATEN

150 g Kichererbsenmehl
1 TL Thymian
Salz, Pfeffer
200 g Riesengarnelen
Pflanzenöl zum Ausbacken

ZUBEREITUNG

1. Kichererbsenmehl mit Thymian, Salz und Pfeffer mischen. Ca. 150 ml Wasser nach und nach hinzufügen und verrühren, bis der Teig die Konsistenz einer Paste hat. Garnelen in den Teig geben und untermischen.
2. In einem Topf oder Wok reichlich Öl zum Sieden bringen und Garnelen im heißen Öl goldbraun frittieren. Herausnehmen und auf Küchenpapier kurz abtropfen lassen.

Zu Pakora mit Gemüse und mit Garnelen passen verschiedene Dips, wie Minzsauce (siehe Samosas , S. 147) oder Imli (siehe S. 149).

SAMOSAS

TEIGTASCHEN MIT VERSCHIEDENEN FÜLLUNGEN
FÜR 4 PERSONEN

ZUTATEN

Für den Teig

500 g Weizenmehl
½ TL Ajowan (Königskümmel)
Salz
5 EL Öl

Für die Gemüsefüllung

3 große Kartoffeln
100 g Blumenkohl
100 g Brokkoli
1 mittelgroße Zwiebel
1 TL Öl
Salz, Pfeffer

Für die Rindfleischfüllung

1 Lauchzwiebel
200 g Rinderhackfleisch
2 EL Olivenöl
1 EL glatte Petersilie
Kreuzkümmelpulver
Zimtpulver
Salz, Pfeffer

Für die Garnelenfüllung

200 g Riesengarnelen
1 TL Curry
1 EL Rapsöl
1 EL frischer Koriander
Öl zum Ausbacken

Für die Minzsauce

½ Bund frische Minze
250 g Naturjoghurt
1 TL Zucker
Salz, Pfeffer

ZUBEREITUNG

1. Für den Teig das Mehl mit Ajowan und Salz vermengen und nach und nach 1 Tasse Wasser und das Öl im Wechsel hinzugeben. Alles zu einem glatten Teig kneten, der nicht an den Händen kleben sollte. Den Teig zu einer Rolle mit 4–5 cm Durchmesser formen.

2. Die Rolle gleichmäßig in 8 Stücke teilen und Kugeln aus den Stücken rollen. Die Kugeln auf einer bemehlten Fläche ganz dünn rund ausrollen. Die ausgerollten Platten vierteln und jedes Viertel wie eine Eistüte eindrehen. Dabei die Teigkanten immer leicht mit Wasser befeuchten, damit es klebt.

3. Für die Gemüsefüllung die Kartoffeln mit Schale in Wasser gar kochen. Blumenkohl und Brokkoli putzen und klein hacken. Die gegarten Kartoffeln schälen und zu Püree stampfen. Zwiebel schälen und würfeln. Zwiebelwürfel in einer Pfanne mit etwas Öl anbraten. Wenn die Zwiebel glasig ist, den gehackten Blumenkohl und Brokkoli dazugeben. Mit Salz und Pfeffer würzen und kurz weiterdünsten. Dann das Gemüse zu der Kartoffelmasse geben und alles miteinander vermengen.

4. Für die Rindfleischfüllung Lauchzwiebel putzen und klein schneiden, Petersilie fein hacken. Rinderhackfleisch mit Öl, Lauchzwiebeln, 1 EL Petersilie und den Gewürzen vermischen.

5. Für die Garnelenfüllung Riesengarnelen säubern und klein schneiden. Curry dazugeben. Öl und gehackten Koriander unterrühren.

6. Jeweils 1 EL Füllung in die vorbereiteten Teigtaschen geben. Die Oberkanten der Teigtaschen mit einer Gabel flach zusammendrücken.

7. Zum Ausbacken reichlich Öl im Wok oder Topf erhitzen. Die Teigtaschen hineingeben und ausbacken, bis sie goldbraun sind.

8. Für die Minzsauce die Minzblätter waschen, von den Stängeln zupfen und zusammen mit dem Joghurt und dem Zucker pürieren. Die Sauce mit Salz und Pfeffer abschmecken und zu den Samosas servieren.

Die Teigtaschen sind übrigens auch sehr lecker, wenn sie ohne Füllung frittiert werden!

IMLI KI CHUTNEY

PAKISTANISCHER DIP
FÜR 4 PERSONEN

ZUTATEN

2 Tassen Tamarindenfruchtfleisch

3 EL frisches Mangofruchtfleisch

4–5 Datteln

5–6 Rosinen

2 EL Palmzucker oder Zucker

1 TL rotes Chilipulver

1 TL Kreuzkümmelpulver

Salz

ZUBEREITUNG

1. Tamarindenfruchtfleisch etwa 30 Minuten in 1/2 Tasse heißem Wasser einweichen. Abtropfen lassen und klein schneiden.
2. Mango klein schneiden. Datteln und Rosinen hacken.
3. Tamarindenfruchtfleisch mit Palmzucker bzw. Zucker und allen anderen Zutaten in eine Pfanne geben. Unter Rühren einkochen, bis eine ketchupähnliche Konsistenz entsteht. Abkühlen lassen und in ein Schälchen füllen.

BIRYANI

PAKISTANISCHER GEMÜSEREIS
FÜR 4 PERSONEN

ZUTATEN

500 g Basmatireis

2 Möhren

1 kleiner Blumenkohl

1 Brokkoli

10 g frische Ingwerwurzel

1 Zwiebel

150 g Tomaten

2 EL Sonnenblumenöl

2 EL Naturjoghurt

1 TL Kreuzkümmelpulver

Salz, Pfeffer

ZUBEREITUNG

1. Den Basmatireis ca. 30 Minuten in Wasser einweichen.
2. Möhren schälen, in breite Streifen schneiden. Blumenkohl und Brokkoli putzen und in halbe Röschen schneiden. Ingwer schälen und in Stifte schneiden. Zwiebel schälen und würfeln. Tomaten putzen, halbieren und in Scheiben schneiden.
3. Öl in einem Topf erhitzen und Zwiebeln darin leicht anbräunen. Tomaten, Gemüse und Joghurt dazugeben. Mit Kreuzkümmel, Salz und Pfeffer würzen.
4. 1–2 Gläser Wasser und den Reis hinzugeben. Alles unter gelegentlichem Rühren auf kleiner Flamme kochen, bis das Wasser verkocht und der Reis gar ist.

Der Gemüsereis passt hervorragend zu Fleisch- und Geflügelgerichten.

KHEER

PAKISTANISCHER REISPUDDING
FÜR 4 PERSONEN

ZUTATEN

100 g Basmatireis
3 Kardamomkapseln
1 l Milch
3–4 EL Zucker
Kokosflocken, Mandeln, Pistazien
Rosinen oder Physalis

ZUBEREITUNG

1. 3 EL Reis mit 1 Tasse Wasser in einem hohen Gefäß mit einem Stabmixer pürieren. Überschüssiges Wasser abgießen, den Reis beiseite stellen.

2. Kardamomkapseln mit einem scharfen Messer einmal kurz anritzen, damit sie beim Kochen ihr Aroma abgeben. Milch mit den Kardamomkapseln im Topf erhitzen und unter Rühren aufkochen.

3. Restlichen Reis zur heißen Milch geben und unter Rühren kochen. Nach einigen Minuten den pürierten Reis hinzugeben. Alles kochen, bis der Reis gar ist.

4. Die Kardamomkapseln herausnehmen, den Zucker zum Milchreis geben, gut durchrühren und noch einige Minuten kochen.

5. Den Milchreis in Schälchen anrichten und mit Kokosflocken, Mandeln, Pistazien, Rosinen oder Physalis garnieren.

Für ein dekoratives Topping mit Ingwer kochen Sie 50 g Zucker und 50 g Wasser mit 10 ganz dünn geschnittenen Scheiben frischer Ingwerwurzel auf. Über Nacht in dem Sirup ruhen lassen.

Für süße, glänzende Pistazien geben Sie je 1 TL Zucker, Wasser und Pistazien in einen Topf. Bei mittlerer Hitze karamellisieren und auf Backpapier auskühlen lassen.

Samosas, die beliebten Teigtaschen aus Pakistan, übersetzt
Tony Hohlfeld ins heimische Gemüsebeet. Röllchen aus
fermentiertem Kürbis und Kohlrabi sind die Verpackung für
Garnelen- und Rindertatar. Die getrockneten Kerbelzweige
bringen Süß- und Bitteraromen in das Gericht mit ein.

GARNELE / RIND / KÜRBIS
FÜR 4 PERSONEN

GARNELENTATAR

ZUTATEN
6 Garnelen
Saft von ½ Zitrone
Salz, Pfeffer
Leindotteröl

ZUBEREITUNG
1. Die Garnelen von Kopf und Schale befreien und entdarmen. Kopf
   und Schale für den Krustentiersud (siehe S. 155) zur Seite stellen.
   Die Garnelen mit dem Messer zu einem feinen Tatar schneiden. Mit
   Zitronensaft, Salz und Pfeffer würzen und mit ein wenig Leindotteröl
   vermengen.
2. Das Tatar zum Servieren in den gehobelten Kohlrabi (siehe unten)
   oder fermentierten Kürbis (siehe S. 154) rollen.

RINDERTATAR

ZUTATEN
100 g pariertes Rinderfilet (ohne
   Fett und Sehnen)
2 Schalotten
Olivenöl
Salz, Pfeffer

ZUBEREITUNG
1. Das Rinderfilet zu einem feinen Tatar schneiden. Die Schalotten schälen und in feine Würfel schneiden, danach langsam im Olivenöl glasig
   garen und abkühlen lassen.
2. Das Tatar mit dem abgekühlten Zwiebel-Olivenöl-Chutney und Krustentiersud (siehe S. 155) mischen. Mit Salz und Pfeffer würzen und in
   die fermentierten Kürbisstreifen (siehe S. 154) rollen.

KOHLRABI

ZUTATEN
1 Kohlrabi

ZUBEREITUNG
1. Den Kohlrabi schälen und in feine rechteckige Blätter hobeln.

FERMENTIERTER KÜRBIS

ZUTATEN
1 Butternutkürbis
Salz
Sushi-Essig
Chilipulver
Zucker, Pfeffer

ZUBEREITUNG

1. Den Kürbis schälen und in zehn feine Blätter hobeln. Den restlichen Kürbis (ca. 1 kg) klein schneiden, entsaften und mit Salz und Essig mixen: auf 100 g Flüssigkeit 2 g Salz und 3 g Essig. Alles mit Chilipulver, Zucker und Pfeffer würzen.

2. Die Kürbisstreifen dicht in ein Einmachglas füllen und den Saft zugießen. Das bis zum Rand gefüllte Glas luftdicht verschließen und an einen Ort stellen, an dem möglichst konstant eine Raumtemperatur von 15 bis max. 22 °C herrscht.

3. Kürbis mindestens eine Woche, besser zwei Wochen fermentieren. Während der Zeit der Fermentation vermehren sich die nützlichen Bakterien und wandeln den Zucker und die Stärke in Milchsäure um. Der fermentierte Kürbis hält sich im Kühlschrank ein paar Wochen.

EIGELBCREME

ZUTATEN
10 Eigelbe
Salz, Pfeffer

ZUBEREITUNG

1. Eigelbe schlagen, mit Salz und Pfeffer würzen und in einem Vakuumierbeutel die Luft entziehen (S. 61). Das Ganze bei 68 °C für 45 Minuten im Wasserbad garen und mit dem Schneebesen glattrühren.

2. Die Creme zum Servieren in den gehobelten Kohlrabi (siehe S. 153) oder fermentierten Kürbis (siehe oben) rollen.

GETROCKNETE KERBELZWEIGE

ZUTATEN
50 g Eiweiß (2 Eier Größe M)
150 g Puderzucker
50 g Kakao
50 g Malzpulver
10 geputzte Kerbelzweige

ZUBEREITUNG

1. Eiweiß mit dem Puderzucker vermengen, sodass eine zähflüssige Masse entsteht. In einem separaten Gefäß Kakao mit dem Malzpulver vermengen.

2. Die Kerbelzweige durch die Zucker-Eiweiß-Masse ziehen und leicht abtropfen lassen. Danach in der Kakao-Malzpulver-Mischung rollen und bei Raumtemperatur 24 Stunden trocknen lassen.

KRUSTENTIERSUD

ZUTATEN

1 kg Krustentierkarkassen
100 g Schalotten
100 g Staudensellerie
100 g Champignons
100 g Fenchel
100 g Möhren
100 g Sellerie
100 g Lauch
125 g Butter
500 g reife Tomaten
200 ml weißer Portwein
200 ml Noilly Prat (frz. Wermut)
200 ml Weißwein
50 g Reis
Dill, Estragon, Basilikum,
    Petersilie, Knoblauch
Salz, Pfeffer

ZUBEREITUNG

1. Die Krustentierkarkassen bei 160 °C 25 Minuten im Ofen rösten. Sämtliches Gemüse, bis auf die Tomaten, säubern und in kleine Würfel schneiden. 100 g Butter erhitzen, das Gemüse darin anschwitzen, bis es leicht glasig ist. Die Karkassen hinzugeben.
2. Nun die Tomaten klein schneiden, auf das Gemüse geben und alles bei mittlerer Hitze solange reduzieren, bis fast keine Flüssigkeit mehr da ist. Danach nach und nach mit Portwein, Noilly Prat und Weißwein ablöschen und immer wieder reduzieren lassen.
3. Zum Schluss alles mit Wasser bedecken und den Reis hinzugeben. Den Fond bei 90 °C etwa 18 Stunden ziehen lassen, bis er die gewünschte Intensität hat. Die Kräuter und Gewürze hinzugeben und nochmals 1 Stunde ziehen lassen. Den Fond durch ein Sieb passieren.
4. Zum Servieren den Fond mit dem Pürierstab zusammen mit der restlichen (ca. 1 EL) kalten Butter aufschäumen.

CHILIMAYONNAISE

ZUTATEN

1 Eigelb
25 ml Sushi-Essig
25 ml Chiliöl
75 ml Leindotteröl
abgeriebene Schale von
    ½ Limette
Salz, Pfeffer

ZUBEREITUNG

1. Das Eigelb mit dem Essig mixen, langsam die Öle nach und nach einfließen lassen, bis die Masse emulgiert. Mit Limettenabrieb, Salz und Pfeffer würzen.

Alles anrichten und mit Eisenkraut und Honigveilchen garnieren.

Pakistan bietet eine unglaubliche Vielfalt an Brot – wie wir sie sonst nur aus unserem eigenen Land kennen. Tony Hohlfeld bietet den beiden Bäckerei-Nationen deshalb einen kleinen Ausflug nach Nordeuropa an: Ein Siedegebäck aus Dänemark, das er mit Buttermilchcreme bestreicht.

AEBLESKIVER / BUTTERMILCH /GEWÜRZBROT

FÜR 4 PERSONEN

ZUTATEN

1 unbehandelte Limette
156 g Mehl
156 g Sahne
120 g Eigelb (4 Eiern Größe M)
76 g Currybutter
90 g Salz
210 g Eiweiß (7 Eier Größe M)
Öl zum Ausbacken

ZUTATEN

2 Blatt Gelatine
100 g Buttermilch
100 g Frischkäse
Salz, Pfeffer
1 Prise gestoßener Kardamom

ZUTATEN

100 g geschrotetes Sauerteigbrot
1 gehackte Knoblauchzehe
1 EL Haselnussöl
1 Prise gestoßener Koriander
Salz, Pfeffer
Petersilienkresse zum Dekorieren

AEBLESKIVER SIEDEGEBÄCK

ZUBEREITUNG

1. Limette mit einem Zestenreißer (oder einem Sparschäler) schälen. Mehl, Sahne, Eigelb, temperierte Currybutter (flüssig, aber nicht heiß), Salz und Limettenzeste mit dem Mixer vermengent.
2. Anschließend das geschlagene Eiweiß nach und nach unterheben. Eine Krapfenpfanne (Pfanne mit Mulden) mit Öl auspinseln, den Teig in die Mulden füllen und ausbacken.

BUTTERMILCHCREME

ZUBEREITUNG

1. Die Gelatine in kaltem Wasser 5 Minuten einweichen.
2. Die Buttermilch mit dem Frischkäse vermengen, würzen und sanft erwärmen (auf 36 °C). Die ausgedrückte Gelatine hinzugeben und in der Masse unter Rühren auflösen.
3. Die Creme kalt stellen und über Nacht durchziehen lassen.

GEWÜRZBROTSAND

ZUBEREITUNG

1. Haselnussöl und Knoblauch in eine Pfanne geben, Brotwürfel bei niedriger Temperatur darin rösten, Gewürze zugeben. Danach auf Küchenpapier abtropfen lassen.
2. Auf der Buttermilchcreme servieren. Mit Petersilienkresse dekorieren.

Foto: Aebleskiver Siedegebäck/Gewürzbrotsand auf Buttermilchcreme

KULINARISCHE BEGEGNUNGEN

Unsere neuen Nachbarn bereichern unsere Küche und unser Land. Wo wird das erlebbarer als dort, wo viele Menschen tagtäglich gemeinsam essen – vom Arbeiter bis zum Chef. In ihren Betriebsrestaurants wollen sie genießen, aber auch satt werden. Hier waren Köche aus diesem Buch für einen Tag zu Gast, haben für die Mitarbeiter der Unternehmen Gerichte aus ihrer Heimat gekocht. Und sie haben gezeigt: Essen ist eine eigene Sprache, Essen verbindet, macht neugierig, erzählt Geschichten.

»EIN MITTÄGLICHER AUSFLUG IN EINE ANDERE KULTUR.«

»Ich liebe die Effizienz deutscher Küchen«, sagt die Iranerin Neda Ramfar-Ipakchi lachend, als sie im Betriebsrestaurant von Bahlsen für rund 300 Mitarbeiter des Unternehmens ihr *Shirin Polo* kocht und auch selbst über den Tresen ausgibt. Unterstützt wird sie dabei von Firmenchef Werner M. Bahlsen: »Für unsere Mitarbeiter ist das ein mittäglicher Ausflug in eine andere Kultur.« Zufrieden kommentiert eine Besucherin: »Das könnten wir ruhig öfter haben.«

DIE INTERNATIONALITÄT DES EIGENEN ARBEITSPLATZES NEU ERLEBEN.

Lammragout mit Okraschoten und Bohneneintopf mit Falafelbällchen – die Internationalität ihres Arbeitsplatzes wird für die Mitarbeiter des Flughafen Hannover heute auch im Speiseplan des Betriebsrestaurants erlebbar. Denn Hassan Abakar Omar aus dem Sudan kocht für sie. Flughafen-Chef Dr. Raoul Hille: »Das ist nicht nur ein gesundes und abwechslungsreiches Speiseangebot, das ist auch die Begegnung mit einer fremden Kultur.« Viele der Gäste kamen an den Tresen zurück, um sich zu bedanken.

»DIESEN GESCHMACK VERGISST MAN NIE.«

Sudeep Poudel aus Katmandu kocht im Betriebsrestaurant des Triebwerkherstellers MTU Maintenance Gerichte aus seiner nepalesischen Heimat. Auch Geschäftsführer Holger Sindemann krempelt die Ärmel hoch, hilft, Teigtaschen zu rollen und die ungewöhnlichen Speisen auf die Teller zu bringen. Die Schlangen an der Essensausgabe sprechen eine eindeutige Sprache. Und auch die Dankesmail einer Mitarbeiterin: »Ich liebe dieses Essen. Diesen Geschmack und Duft vergisst man nie!«

»EIN ERLEBNIS, DAS MICH SEHR BERÜHRT HAT.«

Fatoushsalat, Mamounieh und Baba Ganoush – gleich mehrere syrische Gerichte kocht Monzer Alkebabe für die Mitarbeiter der Schlüterschen Verlagsgesellschaft. »Der Geschmack Syriens in unserem Betriebsrestaurant, das sind wahre Gaumenfreuden«, sagt Stefan Schnieder, Geschäftsführer des Unternehmens. »Ein Erlebnis, das mich sehr berührt hat«, beschreibt eine Mitarbeiterin ihre Begegnung mit dem Gastkoch und seiner Kultur: »Dass Menschen, die in unser Land kommen, uns auch viel mitbringen, habe ich heute zugleich erlebt und geschmeckt.«

DIETMAR HAGEN: »WIR WOLLEN DEN AUTHENTISCHEN GENUSS«

Dietmar Hagen betreibt mit seinem Unternehmen »Essenszeit – für gesundes Leben« in mehreren Städten Betriebsrestaurants mit einem sehr überzeugenden Konzept: Frische regionale Produkte, Kochhandwerk und echtes Gastgebertum stehen dabei im Mittelpunkt. Denn immer mehr Unternehmen erkennen, dass eine gesunde und ausgewogene Ernährung auch zufriedenere und produktivere Mitarbeiter schafft. Viele Tausende Menschen essen jeden Tag in einem dieser Restaurants, in denen täglich frisch gekocht wird – vom Arbeiter bis zum Vorstand. Ihnen bieten die jeweiligen Küchenteams gelegentlich sogar Wunschgerichte der Mitarbeiter, die dann mit dem jeweiligen Einreicher zusammen gekocht werden. Regelmäßig gibt es zudem kulinarische Ausflüge in die Küche anderer Länder. In diesem Rahmen waren die Neue-Nachbarn-Köche Küchenchef für einen Tag, kochten gemeinsam mit den Teams vor Ort die Rezepte aus diesem Buch und erhielten viel Zuspruch der Gäste.

In vielen Betriebsrestaurants gibt es Schnitzel, Currywurst und Pommes Frites. Warum bei Ihnen nicht?

Das gibt es bei uns auch ab und zu. Aber dann ein echtes Wiener Schnitzel, eine frisch zubereitete

Currysauce und Pommes Frites aus echten Kartoffeln. Insgesamt wollen wir authentische Speisen, echten Geschmack und auch mehr Abwechslung. Das erreichen wir nur, wenn wir mit guten Produkten frisch kochen und Verantwortung für das übernehmen, was auf den Teller kommt. Dem Gericht Respekt entgegenzubringen heißt auch, den Gast ernst zu nehmen.

Wie wichtig sind dann Speisenangebote aus anderen Ländern?

Wir bieten viele traditionelle Gerichte der regionalen Küche. Die gehen natürlich am besten. Aber wir wollen immer wieder Impulse bringen, die auch für die Gäste in unseren Restaurants inspirierend sind. Das kann ein echt ungarisches Gulasch sein oder vietnamesische Küche. Mit den Originalzutaten, den richtigen Gewürzen erzählen wir die Geschichte des Gerichtes und schaffen so für den Gast eine ganz neue Verbindung zu seinem Essen.

Für Ihre Küchenteams heißt das, auch immer wieder neu kochen zu lernen?

Genau das macht es aus. Wir lernen gerne von Gastköchen aus anderen Kulturen. Das ist ein gegenseitiges Geschenk und bietet den Raum für unsere Köche, sich mit den Zutaten noch einmal neu auseinanderzusetzen, die Sinne zu schärfen. Kochen ist ein schöpferischer Akt. Wenn ich immer nur das gleiche koche, werde ich dauerhaft nicht gut sein. Abwechslung kommt allen zugute – dem Koch und dem Gast.

»Viele Köche verderben den Brei«, sagt der Volksmund. Stimmt nicht immer!

Beim Neue-Nachbarn-Kochbuch haben es die Hände vieler möglich gemacht, dass so viele kulinarische Begegnungen realisiert werden konnten und dieses besondere Kochbuch entstanden ist. Danke ans Team und alle Partner!

George Feiter und seine Kochschule
Geschmacksverstärker
Arne Rosenowski und sein Team von
Küchen Rosenowski in Burgwedel-Thönse

Restaurant Jante

Die Unternehmen:
Bahlsen
Essenszeit
Hannover Airport
MTU Maintenance Hannover

Die nobilis Esslust Partner:
Küchen Staude Hannover
Chocolats-de-luxe.de
Brauhaus Ernst August
Schlemmermarkt Segebrecht
Weinhaus Feiter
Hannoversche Kaffeemanufaktur

REZEPTE NACH LÄNDERN

REZEPTE NACH ZUTATEN

Foto: Denny Gille

Bibliografische Information der Deutschen Nationalbibliothek
Die Deutsche Nationalbibliothek verzeichnet diese Publikation in der
deutschen Nationalbibliografie; detaillierte bibliografische Daten sind im
Internet über http://dnb.ddb.de/ abrufbar.

ISBN 978-3-89993-741-1 (Print)
ISBN 978-3-8426-8647-2 (PDF)

© 2016 Schlütersche Verlagsgesellschaft mbH & Co. KG
Hans-Böckler-Allee 7, 30173 Hannover
www.schluetersche.de

Fotos: Christian Wyrwa
Lektorat: Annette Gillich-Beltz, Essen
Gesamtgestaltung: Lichten, Hamburg
Satz: Lichten, Hamburg
Druck und Bindung: Gutenberg Beuys, Langenhagen